LO QUE DICEN LOS LECTORES SOBRE
NO DEBERÍA SER ASÍ

"Hay pocas personas tan valientes como para contar su verdad de una manera tan auténtica y cándida. Mi amiga de toda la vida, Lysa TerKeurst, es una de ellas. En *No debería ser así* nos da permiso para admitir nuestro propio dolor y desilusión al exponer con valentía el suyo. Luego nos apunta directamente al tema de la soberanía y fidelidad de Dios. Es un libro conmovedor. No solo porque cada capítulo exhala compasión y gracia, sino también porque yo, de manera personal, he sido testigo de las lágrimas, el dolor y las oraciones que lo engendraron. Y allí radica su fuerza. Sería imposible leer este libro y no salir tremendamente animada".

—Priscila Shirer, maestra de la Biblia y autora.

"Mi querida amiga Lysa TerKeurst conoce de primera mano lo que es ser probada en la fe al punto de quiebre y, en cierto modo, eso la acercó más al Señor. Estoy muy agradecido por su disposición de compartir su peregrinaje con nosotros en *No debería ser así*. Con una fe similar a la de Job, Lysa revela, de manera vulnerable, el dolor vivo de haber soportado lo inimaginable y aun así buscar a Dios en medio de sus luchas. Este libro es un clásico moderno sobre la relación entre el sufrimiento y conocer a Dios. ¡No se lo pierdan!".

—Chris Hodges, pastor principal de Church of the Highlands; autor de *Fresh Air* y *The Daniel Dilemma*.

"En *No debería ser así*, Lysa confronta con una vulnerabilidad asombrosa las diferencias, a menudo brutales, entre la vida que tenemos y la que esperamos tener. Nos ayuda a reconocer que el profundo pozo del dolor, frustración y desánimo no se puede comparar a la profundidad de la fuente de esperanza, gozo y restauración que Dios tiene para nosotros. Si te sientes debilitada por las cadenas del desengaño, permite que este libro te dirija al plan de Dios, a una manera completamente nueva de ser humano. No querrás recuperar tu vieja vida: hay algo mucho mejor que eso".

—Levi Lusko, pastor de Fresh Life Church; autor de los libros superventas *Swipe Right* y *A través de los ojos del león*.

"Lysa nos alienta mostrándonos que nuestras desilusiones, fracasos y golpes inesperados, en realidad pueden servir para ayudarnos a acercarnos a Jesús. ¡Yo recomendaría que todo el mundo se lleve un ejemplar de *No debería ser así*!".

—Chad Veach, pastor principal de ZOE Church, L. A.

"Este libro es para cada creyente que alguna vez se ha preguntado: '¿Por qué, Señor?'".

—Elizabeth E.

"Lysa comparte su travesía a través de la temporada más difícil de su vida con una honestidad pura y una perspectiva santa con la que podrás sentirte identificada hasta las lágrimas, y a partir de allí cambiar tu vida".

—Ashley S.

"Si has sufrido desilusión o actualmente estás atravesando un tiempo de desengaño, este libro es para ti. Te verás reflejada. Está repleto de prácticos textos bíblicos. Es como si esta historia fuera la mía".

—Tammy M.

"No he leído un libro más abierto y sincero que este, que, en definitiva, señala la soberanía de Dios en medio de las tribulaciones. Lysa no solo nos enseña cómo estar mejor equipadas para los fuegos y batallas de este mundo, sino que su propia vida ilustra la forma correcta de pelear en los tiempos más difíciles que nos toca enfrentar. Su hermoso ejemplo de haber permanecido firme en la bondad de Dios, aun cuando nuestra carne desea desesperadamente dudar y cuestionar, me ha cambiado la vida".

—Katie G.

"Lysa toma las circunstancias de su vida y la Palabra de Dios y las combina en un libro fácil de leer, profundamente práctico y aplicable. ¡Lo recomiendo altamente para todo aquel que está desilusionado y luchando!".

—Erin S.

"A veces las desilusiones y heridas son tan profundas que una persona se siente desesperanzada por los efectos secundarios de sus circunstancias. Este libro te llevará por un camino de recuperación de esa desesperanza".

—Rachel R.

Lysa TerKeurst

NO DEBERÍA SER ASÍ

Saca fuerzas
cuando te sientas vencida

Título original: *It's Not Supposed to Be This Way: Finding Unexpected Strength When Disappointments Leave You Shattered*

Primera edición: febrero de 2019

Publicado bajo acuerdo con Thomas Nelson, una división de HarperCollins Christian Publishing Inc.

© 2018 Lysa TerKeurst
© 2021, Penguin Random House Grupo Editorial USA, LLC.
8950 SW 74th Court, Suite 2010
Miami, FL 33156

Traducción de María José Hooft

Adaptación de diseño de portada de Riley Goodman:
Penguin Random House Grupo Editorial
Fotografía de portada: © Stocksy
Fotografía de la autora: Amy Riley Wobser

Todas las citas bíblicas, a menos que se indique lo contrario, fueron tomadas de la versión Reina Valera 1960 (RV60) y de la Reina Valera Contemporánea (RVC). Otras versiones utilizadas, por orden de aparición, son las siguientes: Nueva Versión Internacional (NVI), Nueva Traducción Viviente (NTV), Palabra de Dios para Todos (PDT) y La Biblia de las Américas (LBLA).

ISBN: 978-1-949061-60-4

Impreso en Estados Unidos – *Printed in USA*

21 22 23 24   10 9 8 7 6 5 4

Para mi equipo ejecutivo de Ministerios Proverbios 31, Meredith Brock, Lisa Allen, Barb Spencer, Glynnis Whitwer y Danya Jordan. Ustedes han transitado junto a mí cada paso de este camino. Las palabras nunca podrán expresar lo agradecida que estoy por su amor incondicional, su tremendo apoyo y sus fervientes oraciones. Las amo.

Y a ti, que tienes este libro en tus manos ahora —el corazón dolido, el alma desilusionada, la soñadora devastada— te digo que conozco tu dolor. De veras que sí. Pero también sé que Dios lo ve. Dios oye. Y te ama profundamente. Mi oración es que el peso sea quitado de tu alma a medida que abrazas las verdades que encontrarás en las páginas de este libro.

Índice

Introducción IX

Capítulo 1: Entre dos jardines 1

Capítulo 2: Polvo 17

Capítulo 3: Pero ¿cómo paso los próximos
86 400 segundos? 37

Capítulo 4: Pies bronceados 61

Capítulo 5: De pinturas y personas 79

Capítulo 6: Un poquito largo y demasiado duro 101

Capítulo 7: Cuando Dios te da más de lo que puedes
manejar 123

Capítulo 8: Soltar lo que nos retiene 143

Capítulo 9: Exponer al enemigo 167

Capítulo 10: Palabras de victoria 195

Capítulo 11: Todo al revés 225

Epílogo 245

Novedades sobre Lysa 249

Nueve pasajes de las Escrituras para sobrevivir en tiempos en
que Dios parece estar callado 250

Encuentra la ayuda que necesitas 255

Reconocimientos 257

Textos bíblicos 261

Notas 283

Acerca de la autora 285

Introducción

Hay una historia favorita que me gusta contarme. Es aquella acerca de cómo debería resultar mi vida. Aunque faltan un montón de detalles del diario vivir, está repleta de un sentido general de satisfacción. Es la historia en donde los dedos de mis pies se hunden en las arenas de una tierra gloriosa llamada "la normalidad". Una tierra que no diseñé, pero en donde se me permite dar consentimiento antes de que cada cambio tenga lugar. Y puedo vetar toda circunstancia que no luzca, se sienta o huela bien. Mis pulmones inhalan ráfagas frescas de predictibilidad y el viento es siempre una suave brisa. Nunca inestable o tempestuoso y, ciertamente, nada brutal ni destructivo.

Este lugar no es glamoroso ni pomposo. Es informal y confortable. Con un estilo *boho* chic ecléctico y un ritmo acorde al mío. Las cosas no se desgastan y yo no me agoto. La gente es amable. Hacen lo que dicen que van a hacer y solo se quejan lo suficiente como para mantener la cosa interesante. La bondad salpica el paisaje como árboles en flor. La paz flota en el ambiente cual nube esponjosa y la pista de sonido es simple y melódica, *in crescendo,* con largas carcajadas de fondo por las bromas que produce naturalmente una gran familia con muchas grandes personalidades.

Me agrada este lugar.

No quiero tan solo vacacionar allí, sino que quiero quedarme a vivir.

Y sospecho que tú tienes una versión de este tipo de historias que te gusta contarte a ti misma también.

No solo queremos leer el final de nuestra historia y sentirnos bien con ella. Deseamos tomar un bolígrafo y escribirla nosotras. Nos sentimos muy seguras de cómo deberían resultar las cosas. Pero vivimos en la incertidumbre de no ser capaces de predecir o controlar los resultados.

Los seres humanos somos muy apegados a los resultados. Decimos confiar en Dios, pero detrás de escena luchamos a brazo partido con tal de intentar controlar nuestros resultados. Alabamos al Señor cuando nuestra normalidad luce tal y como habíamos pensado que sería, pero lo cuestionamos cuando no se da así y nos alejamos cuando tenemos una sospecha de que fue Él quien incendió la esperanza que nos mantenía enteras.

Incluso las personas más sólidas en la fe pueden sentirse amenazadas por los vientos de cambios impredecibles. Nos sentimos apesadumbradas por la angustia y, al mismo tiempo, somos incapaces de mantener el rumbo, como cenizas volátiles llevadas por el viento.

Nunca he visto cenizas que puedan controlar a dónde las llevarán los vientos de cambio.

Al menos, estas diminutas partículas no esperan ser capaces de controlar a dónde irán a parar.

Todavía no he conocido a un ser humano que tenga desapego por los resultados.

Nos motivamos a superar lo malo jugando el juego mental de que lo bueno seguramente vendrá mañana. Y si no es mañana, será pronto. Muy pronto.

Y eso bueno que venga será un resultado tan glorioso que exhalaremos toda la ansiedad y finalmente diremos: "Uff, realmente puedo decir que valió la pena todo lo que pasé". Y ahí entra la canción de redención y un pequeño desfile en honor a ti.

El buen final será igual a lo que soñamos. Y sucederá tan rápido como lo deseamos. Y hará que lo malo se convierta en bueno, bueno, bueno. Los que caminaron junto a nosotras con lealtad durante esta etapa difícil sentirán que el tiempo empleado en nosotras y en prepararnos guisados fue bien invertido. Sentirán que cumplieron otra asignación para el reino. Ya la pueden tachar de la lista. Y ahora todas estamos felices.

Los que nos ignoraron o juzgaron o, peor aún, usaron nuestro tiempo de dificultad en contra de nosotras verán lo equivocados que estuvieron. Y se disculparán. Y luego prometerán que aprendieron la lección y que nunca más volverán a lastimar a alguien.

Ese es un resultado aceptable.

Así es como se debe calcular la fórmula: un tiempo difícil, más un tiempo de recuperación, más permanecer fiel a Dios, debería ser exactamente igual al buen resultado que estamos esperando obtener.

Pero si eres un ser humano que se ha comportado como adulto por más de veinticuatro horas, probablemente llegues a la misma asombrosa revelación que yo tuve. No podemos controlar los resultados. No podemos establecer una fórmula para saber de qué manera se cumplirán las promesas de Dios. Y nunca podremos exigir que la cicatrización de las heridas se apresure.

Yo voy en este bus de la lucha. No estoy cómoda con el hecho de no poder tomar el volante y conducirlo de regreso a la normalidad.

Desarrollo esta gran teoría acerca de lo que un buen Dios debería hacer y luego me encuentro a mí misma en medio de una decepción épica cuando los vientos cambian, el bus de la lucha da un brusco giro a la izquierda y siento que nada anda bien.

Esta no es la forma en la que imaginaba mi vida ahora.

Y probablemente no sea la forma en la que tú pensaste que serían las cosas en la tuya.

No estoy diciéndote nada nuevo. Solo estoy dándole voz a pensamientos que ya has tenido, pero que tal vez no supiste cómo verbalizar.

Pero hay esperanza.

Aunque no podemos predecir, controlar o exigir el resultado de nuestras circunstancias, podemos saber con gran certidumbre que todo estará bien. Mejor que bien. Tendremos la victoria porque Jesús venció (1 Corintios 15:57). Y la gente victoriosa nunca se conforma con lo normal.

A través de estas páginas voy a ayudarte a encontrar un lugar blando donde aterrizar en la historia que Dios mismo está orquestando a la perfección con tu bienestar en mente. Algunos viven toda su vida perdiéndose la oportunidad de ver todo lo bueno que Dios ha depositado a su alrededor y que está disponible para ellos. En parte, quizás porque el tiempo de dificultad ha demandado demasiada atención y la aparente prolongación de algunas de las tribulaciones les ha robado el gusto por la vida.

Pero ¿y si la victoria radicara solo en parte en cómo resultan las cosas? ¿Qué pasa si una gran medida del ser victoriosas consiste en cuán bien vivimos el presente? En esta misma hora. En este mismo minuto.

Estás a punto de tener una experiencia completamente distinta con esta cosa llamada vida. Juntas encontraremos un camino para anclar nuestra esperanza, pero no a los resultados específicos que pensamos que serían la única forma de regresar a la normalidad, sino, en cambio, al mismo corazón de Dios. El Autor de la historia que tu corazón nunca podría llegar a concebir, pero que en cada latido suplica por llegar a vivir. Hay más de lo que tú crees.

Y estoy ansiosa por verlo revelarse en tu vida y en la mía.

Para ayudarnos en este camino a vaciarnos de las ideas erróneas que tenemos acerca de cómo tendría que ser la vida, creé una sección llamada "VAMOS A LA FUENTE" al final de cada capítulo. Es un repaso de todo lo que estamos aprendiendo, para no olvidarnos de las cosas buenas por el camino. Cuando nos vaciamos de las esperanzas que habíamos depositado en el lugar incorrecto y de nuestra visión limitada, tenemos que volver a llenarnos con algo. Así que aprenderemos a identificar nuestros espacios vacíos, nuestra sed, y llenaremos ese lugar del agua viva de la verdad de Dios. Su Palabra está hecha a nuestra medida y puede transformar el corazón humano herido.

Cada "VAMOS A LA FUENTE" incluye afirmaciones a las que aferrarnos, textos bíblicos en los cuales sumergirnos, preguntas para meditar y una oración.

Vamos a la fuente

AUNQUE NO PODEMOS PREDECIR, CONTROLAR O exige el resultado de nuestras circunstancias, podemos saber con gran certidumbre que todo estará bien.

RECUERDA
(afirmaciones a las que aferrarse):

- Vivimos en la incertidumbre de no ser capaces de predecir o controlar los resultados.
- Incluso las personas más sólidas en la fe pueden sentirse amenazadas por los vientos de cambios impredecibles.
- Tendremos la victoria porque Jesús venció. Y la gente victoriosa nunca se conforma con lo normal.
- ¿Y si la victoria radicara solo en parte en cómo resultan las cosas? ¿Qué pasa si una gran medida del ser victoriosas consiste en cuán bien vivimos el presente?

RECIBE
(textos bíblicos en los que sumergirse):

Mas gracias sean dadas a Dios, que nos da la victoria por medio de nuestro Señor Jesucristo.

(1 Corintios 15:57)

REFLEXIONA
(preguntas en las que meditar):

- ¿Qué planes o pensamientos has tenido acerca de cómo debería ser tu vida?
- ¿Cómo tomas el hecho de no poder controlar los resultados?
- ¿De qué maneras te sientes ligada a los resultados en vez de confiar en Dios en el proceso?

Padre:

- -

Admito que a menudo me he aferrado con todas mis fuerzas a mis propios planes y a los resultados que he creído que tenían que darse. Pero sé que la historia que Tú estás escribiendo es mucho mejor que cualquier historia que yo pudiera escribir para mí. Ayúdame a apropiarme de esta verdad cuando mis propias circunstancias sean impredecibles. Declaro mi confianza en ti por sobre todas las cosas.

En el nombre de Jesús. Amén.

Capítulo 1

ENTRE DOS JARDINES

Mis manos temblorosas intentaban marcar el número al que había llamado cientos, si no miles, de veces antes. Eran las 5:34 de la mañana. Sabía que en el preciso instante en que mi amiga atendiera la llamada, el horror de lo que yo acababa de descubrir sería real. Yo no quería que lo fuera. Y tal vez, si me lo guardaba para mí, podría negar el dolor que amenazaba con tragarme entera.

Pero fingir que la realidad no existe nunca mejora las cosas. Simplemente te hace implosionar mientras sigues sonriendo por fuera. Ese no es modo de vivir.

A veces, para ganar tu vida, tienes que enfrentar la muerte de lo que pensaste que sería tu futuro.

Yo estaba mirando esa clase de muerte cara a cara cuando escuché la voz de mi amiga susurrar soñolienta, pero levemente asustada: "Hola, ¿Lysa? ¿Te encuentras bien?".

Definitivamente no lo estaba.

Y no estaría bien por un largo tiempo. Los sentimientos de seguridad en mi matrimonio, que había atesorado por más de dos décadas, de repente se habían desgarrado, dejando mi corazón en carne viva y mi alma temblorosa.

Incluso ahora, más de dos años después del hecho, todavía lucho con la diferencia entre lo que pensé que sería y lo que es. Tengo días en los que me encuentro tan lejos de estar bien, que quisiera enviarle un mensaje de texto a ese buen presentimiento y exigirle que regrese.

Pero eso no es algo que sucede solamente en la casa blanca de ladrillos que está al final de mi entrada de garaje. Este

---

A veces, para ganar tu vida,
tienes que enfrentar la muerte
de lo que pensaste que sería
tu futuro.

---

pensamiento te envuelve a ti también. Llega como un murmullo a través de pequeñas desilusiones. Un mal corte de cabello. Un lavavajillas que se desborda. Una cena que se quema. Un niño que justo hoy no hace caso. Una balanza que continúa subiendo y una cuenta bancaria que continúa bajando.

Entonces, el murmullo sube de intensidad hasta convertirse en una voz fuerte con la amiga que se queda callada por un momento. El empleo que no conseguiste. Las filosas palabras que pronunció contra ti alguien de quien esperabas oír algo alentador. Esa sensación patente de que tu matrimonio se ha enfriado, mientras que las conversaciones se ponen cada vez más calientes. El sentimiento de soledad que nunca pensaste que tendrías en esta etapa de tu vida.

Luego, la decepción ruge como un rayo que parte la tierra con una llamada del médico y un diagnóstico que pone tu vida patas arriba. El amorío que es descubierto. Las adicciones ocultas. El niño que ahora desconoces. El fuego. La bancarrota. La separación. La muerte tan imprevista que aún continúas llamando a ese número, ansiando que todo esto sea una pesadilla y esperando que seguramente respondan esta vez.

Yo no sé cuándo estas desilusiones, grandes o pequeñas, vendrán a mi camino. Simplemente irrumpen. Un huésped inesperado con quien no sé qué hacer.

Este huésped de la desilusión me agota.

Pero no tengo que decírtelo.

Eso te frustra y desilusiona a ti también.

La vida no está resultando tal como pensamos que sería.

Desilusión. Ya sea que estés acostumbrada a esa palabra o no, está allí. Y quiero agregar algo de vocabulario en torno a los sentimientos que nos afectan más de lo que llegamos a comprender o nos atrevemos a expresar.

Es ese sentimiento de que las cosas deberían ser mejores de lo que son. Las personas deberían ser mejores. Las circunstancias también. Las finanzas deberían estar en mejores condiciones. Las relaciones deberían resultar mejores. ¿Y sabes qué? Tienes razón. ¡Todo debería ser mejor de lo que es! No es de extrañar que esté exhausta y tú también lo estés.

Quédate conmigo y ayúdame a descifrar algo que Satanás ha luchado agresivamente para mantener oculto de nosotras.

La desilusión, que es tan agotadora y frustrante para nosotras, alberga el potencial de hacernos mucho bien. Pero solamente llegaremos a verla como algo bueno si confiamos en el corazón del Dador.

Como sabes, la desilusión puede ser uno de esos dones de Dios que para nada parece un regalo. Es inesperadamente punzante; tanto, que el Dador puede llegar a ser visto como un sádico mientras mira al receptor desenvolverlo. Sus dedos chorrearán sangre. Se sentirán engañados y tentados a dejar de confiar en que algo bueno pueda hallarse dentro del paquete. Seguramente cuestionarán a Aquel que pudo permitir que esto interceptara su camino.

Yo hice todas esas cosas. Ciertamente lancé muchas preguntas profundas, bañadas en llanto, acerca de cómo Dios podía permitir esto, el día que llamé a mi amiga a las 5:34 de la madrugada.

Pero la desilusión no es prueba de que Dios nos está quitando las cosas buenas. A veces no es más que su forma de llevarnos a Casa. Aunque para verlo y entender correctamente lo que sucede en realidad, debemos dar un paso atrás y mirarlo desde la perspectiva de la historia del amor épico de Dios. Aquella en la cual Él rescata y reconcilia a la humanidad consigo mismo.

La desilusión

no es prueba de que Dios nos está quitando las cosas buenas. A veces no es más que su forma de llevarnos a Casa.

De modo que, dejemos por un momento nuestros cuestionamientos sobre por qué nos suceden estas cosas. Los recogeremos más tarde, cuando estemos mejor equipadas con verdades mediante las cuales podamos procesarlos. Y descubramos las respuestas de Dios, las formas de Dios, la Palabra de Dios. Te prometo que no encontrarás frases inconsistentes, típicas de pegatinas de paragolpes. Juntas hallaremos una ayuda real y una esperanza verdadera, un Dios que nos sostiene en un lugar seguro al atravesar todo este proceso. Comencemos por el principio.

Génesis nos dice que el corazón humano fue creado perfecto en el jardín del Edén. ¿Te puedes imaginar cómo se veía el mundo cuando Dios lo creó? Cuando dijo que todo era bueno. Muy bueno. Y todo era perfecto.

La sinfonía de la perfección inundaba la atmósfera. Todo sucedía en un flujo y reflujo con completa armonía. Cantaba con los tonos más intensos. Danzaba con graciosa precisión. No había nada que no luciera o se sintiera a tono. Todo era hermoso, lleno de paz y plenitud. Existía una perfecta paz en las relaciones. Adán y Eva estaban conectados de un modo tan bello el uno con el otro, y vivían en la presencia perfecta de Dios. Era el paraíso, con una intimidad única, donde Dios interactuaba en directa relación con ellos. Había una provisión perfecta y un cumplimiento perfecto de su propósito. No existía la tristeza o la confusión o la injusticia. No había guerra, enfermedad, divorcio, depresión ni muerte. No había motivaciones desviadas ni manipulación ni intenciones maliciosas.

Era todo lo que alguna vez pudiste soñar y mucho más.

De modo que el corazón humano fue creado en el contexto de la perfección del jardín del Edén. Pero no vivimos allí ahora.

Por esa razón nuestros instintos continúan enviando señales de que la perfección es posible. Tenemos imágenes de la perfección grabadas en el mismo ADN de nuestra alma.

La perseguimos. Enfocamos nuestra cámara a ver si podemos captarla. Disparamos veinte tomas con la esperanza de encontrarla. Y entonces, hasta en nuestras mejores fotografías tenemos que retocar el color, aplicar filtros y recortarlas. Hacemos todo lo posible para hacerles creer a los demás que esta imagen que publicamos es la auténtica. Pero todas sabemos la verdad. Todas vemos la farsa. Todas sabemos que el rey está desnudo. Pero allí estamos, aplaudiendo al costado del camino, marchando a favor de la corriente, jugando el juego. Tratando de creer que tal vez, solo tal vez, si nos acercamos lo suficiente a algo que se asemeje a la perfección, nos ayudará a captar algo de su resplandor para nosotras.

Pero sabemos que incluso lo más resplandeciente tiende a tornarse opaco. Lo nuevo eventualmente se volverá viejo. Los seguidores no serán seguidos. Quienes nos levantan serán los mismos que nos dejen caer. Los aspectos de nuestra vida, apretados como nudos bien ceñidos, se desarmarán y desintegrarán delante de nuestros ojos.

Y así la desilusión épica nos llega.

Pero no estamos teniendo esa conversación.

Ni siquiera sentimos que tenemos permiso para hacerlo o, simplemente, no sabemos cómo procesar nuestras desilusiones. Especialmente en la escuela dominical o en el estudio bíblico. Porque alguien dice: "Sé agradecida y optimista, y haz que tu fe gobierne tus sentimientos".

Y de veras creo que necesitamos ser agradecidas y optimistas, y permitir que nuestra fe gobierne nuestros sentimientos. Pero también pienso que hay un aspecto peligroso en quedarse quietas y simular que no estamos agobiadas por la desilusión.

En medio de esas desilusiones calladas, no expresadas y resignadas, Satanás está fabricando sus armas más letales contra nosotras y nuestros seres queridos. Es su sutil seducción para que nos quedemos a solas con nuestros pensamientos y poder deslizarse en susurros que tornarán nuestra desilusión en decisiones destructivas. Si el enemigo logra aislarnos, puede influenciarnos. Y su puerta de entrada favorita son nuestras desilusiones. El enemigo entra como un susurro, se queda como una suave brisa y crece como una tormenta que ni siquiera viste venir. Pero al final, su insaciable apetito de destrucción desatará el tornado destructivo que había estado planeando todo este tiempo. Él no les susurra a nuestras áreas hundidas en desilusión para mimarnos, sino que quiere aplastarnos.

Y los consejeros de todo el mundo les dicen a las personas abatidas y destrozadas que están sentadas en los sofás de sus consultorios que una de las razones por las que su relación falló es por las conversaciones que debían haber mantenido y nunca tuvieron.

Si no nos abrimos a una forma de procesar nuestras desilusiones, nos veremos tentadas a dejar que Satanás reescriba la historia de amor de Dios como una narrativa negativa, dejándonos con más sospechas acerca de nuestro Creador. ¿Por qué crearía nuestros corazones en la perfección del jardín del Edén sabiendo que, a causa de nuestro futuro pecado, no podríamos vivir en ese lugar?

Quiero decir que, una vez que Adán y Eva pecaron, ¿no podía Dios arrancar la conciencia y el deseo de perfección de sus corazones antes de echarlos del jardín? Sí, claro que podía haberlo hecho así. Pero extirpar la causa de nuestra desilusión también nos robaría la gloriosa esperanza de adonde estamos yendo.

Si el enemigo logra aislarnos, puede influenciarnos.

Recuerda: esta es una historia de amor. Y nunca apreciaremos, o incluso desearemos, la esperanza de nuestro Amor Verdadero si los amores inferiores no nos desilusionaran. La angustia penetrante de la desilusión en cada cosa de este lado de la eternidad no hace más que crear un descontento con este mundo y empujarnos a desear más a Dios mismo. A desear el lugar en el que finalmente caminaremos con Él otra vez en el jardín, donde por fin tendremos paz y seguridad, y ojos que ya no derramen lágrimas..., y corazones que ya no sean rotos. La Biblia comienza con el libro de Génesis, en el primer jardín del Edén. Pero nunca olvides que termina con el Edén restaurado en los capítulos finales de Apocalipsis, el último libro.

> Y oí una gran voz del cielo que decía: He aquí el tabernáculo de Dios con los hombres, y él morará con ellos; y ellos serán su pueblo, y Dios mismo estará con ellos como su Dios. Enjugará Dios toda lágrima de los ojos de ellos; y ya no habrá muerte, ni habrá más llanto, ni clamor, ni dolor; porque las primeras cosas pasaron. Y el que estaba sentado en el trono dijo: He aquí, yo hago nuevas todas las cosas. Y me dijo: Escribe; porque estas palabras son fieles y verdaderas. (Apocalipsis 21:3-5)

Observa todas las palabras que reflejan sentimientos, utilizadas para describir el mundo en el que actualmente habitamos: *llanto*, *clamor* y *dolor*. La desilusión total a menudo llega al lugar más profundo de las lágrimas. Como mencionamos antes, todo de este lado de la eternidad está en estado de decadencia. Esto es simplemente el resultado natural del pecado entrando en la ecuación. Los días luminosos se convierten en noches oscuras. La risa de la vida es eclipsada por las lágrimas de la muerte.

La emoción de este momento se desgarra por la desilusión del siguiente. Esta amenaza constante a nuestros sentimientos más profundos nos lleva a la depresión, ansiedad, amargura y, para ser francas, a un escepticismo sobre la bondad de Dios. A menos que...

Veamos que todas esas crudas realidades no son el final, sino un espacio temporal intermedio. No es el lugar donde se supone que nos abandonamos y habitamos, sino, más bien, es el lugar en donde tendremos que aprender a luchar bien. Yo necesito esta lucha. Tengo sentimientos sinceros en donde me desespero de la frustración y grito por lo injusto que es todo esto. Negarles a mis sentimientos una voz sería robarme la humanidad. Pero dejar que ellos sean la única voz, sería robarle a mi alma la perspectiva sanadora con la que Dios anhela consolarme y sacarme adelante. Mis sentimientos y mi fe casi seguro entrarán en conflicto. Los primeros ven las situaciones podridas como una herida absolutamente innecesaria que apesta. Mi alma las ve como un fertilizante para un futuro mejor. Ambas perspectivas son reales. Y me tironean en distintas direcciones en una lucha sin cuartel. Combatir bien significa reconocer mis sentimientos, pero pasar de largo, dejando que mi fe sea la que dirija el camino.

Dios sabe que antes de que vivamos por la eternidad tendremos que aprender a luchar bien. ¿Puedes ver el aliento que Dios nos da en el pasaje de Apocalipsis 21 para ayudarnos a lograrlo cuando nuestros sentimientos nos imploran que dudemos de nuestra fe? Él detendrá el deterioro continuo, la muerte y la desilusión total. ¡Hará nuevas todas las cosas!

En este jardín del Edén restaurado, la maldición será quitada y la perfección nos saludará como un amigo por largo tiempo esperado. No habrá una brecha entre nuestras expectativas y experiencias. Serán una sola y la misma cosa. No seremos lastimadas. No viviremos lastimadas. No seremos desilusionadas y no viviremos así. Ni con las personas. Ni con nosotras mismas. Ni con Dios. Nuestros sentimientos y nuestra fe se pondrán de acuerdo. Retornaremos a una pureza en nuestras emociones en la que seremos capaces de experimentar lo mejor de nuestro corazón trabajando en conjunto con los absolutos de la verdad.

En el nuevo Edén no precisaremos luchar bien entre nuestros sentimientos y nuestra fe, pues no habrá una narrativa que compita con la naturaleza de Dios. No habrá corrupción de la enseñanza de Dios. No habrá nociones contrarias sobre por qué Dios permite que las cosas sucedan. Y no habrá un temor continuo a que las cosas no resulten bien.

No necesitaremos luchar bien, porque *estaremos* bien. Enteras. Completas. Seguras. Aseguradas. Con certezas. Con victorias. Y habremos cerrado el círculo de nuestro entendimiento de la verdad.

Pero, como dije al principio de esta exposición, no vivimos en la perfección del Edén ni en el Edén restaurado todavía por venir. Por lo tanto, hoy tenemos que entender nuestra necesidad de luchar bien en este espacio entre dos jardines. Y debemos aprender a vivir en amor en los ritmos imperfectos de nuestra torpe humanidad, tratando de estar a tono en la sinfonía de la divinidad.

Algunas veces equivocaremos las letras de la canción.
Nos iremos de tono y de tiempo.
Haremos un agudo y fracasaremos.

Pero si la sinfonía de Dios continúa tocando fuerte e intensamente como la principal banda de sonido de nuestra vida, nos daremos cuenta de cómo volver a la pista de audio. Sentiremos cómo volver al ritmo. Oiremos la forma de volver a afinar.

Un ejemplo es cuando canto en mi auto al ritmo de una canción bien producida. Con esa pista retumbando de fondo, yo me escucho increíble. Pero no porque de repente yo sea una cantante profesional, sino porque el maestro está cantando más alto que yo y me guía, me mantiene en la nota y en el ritmo. Yo lucho bien con la canción, porque no estoy limitada a mis propias capacidades de hacerlo todo bien.

¡Pero Dios me libre si apago la radio y conecto un micrófono para cantar a *cappella*!

Ahí ya no lucharé bien. Estropearé lo que era una pieza musical hermosa y la convertiré en una mezcla de sonidos desagradables. Contribuiré con el ruido caótico de este mundo, pero perderé la gloriosa banda de sonido que fue pensada con la intención de recordarme la historia de amor épica que estoy destinada a vivir con el Gran Amante de mi alma.

Entonces, ese es el tema de este libro. Simple y sencillo. Quiero aprender a luchar bien en esta vida entre dos jardines. Y quiero abrir el regalo de la desilusión y liberar la atmósfera de esperanza que está contenida adentro. Estoy muy agradecida de que podamos hacer esto juntas.

Vamos a la fuente

EL CORAZÓN HUMANO FUE CREADO EN EL CONTEXTO de la perfección del jardín del Edén. Pero no vivimos allí ahora.

RECUERDA

- A veces, para ganar tu vida, tienes que enfrentar la muerte de lo que pensaste que sería tu futuro.
- La desilusión es ese sentimiento de que las cosas deberían ser mejores de lo que son.
- La desilusión no es prueba de que Dios nos está quitando las cosas buenas. A veces no es más que su forma de llevarnos a Casa.
- Si el enemigo logra aislarnos, puede influenciarnos.
- Nunca apreciaremos, o incluso desearemos, la esperanza de nuestro Amor Verdadero si los amores inferiores no nos desilusionaran.
- Dios sabe que antes de que vivamos por la eternidad tendremos que aprender a luchar bien.
- En el nuevo Edén no necesitaremos luchar bien, porque estaremos bien.

RECIBE

Y oí una gran voz del cielo que decía: He aquí el tabernáculo de Dios con los hombres, y él morará con ellos; y ellos serán su pueblo, y Dios mismo estará con ellos como su Dios. Enjugará Dios toda lágrima de los ojos de ellos; y ya no habrá muerte, ni habrá más llanto, ni clamor, ni dolor; porque las primeras cosas pasaron. Y el que estaba sentado en el trono dijo: He aquí, yo hago nuevas todas las cosas. Y me dijo: Escribe; porque estas palabras son fieles y verdaderas.

(Apocalipsis 21:3-5)

REFLEXIONA

- ¿Qué desilusiones estás viviendo en este tiempo?
- ¿Hay alguna mentira inmemorial que has estado creyendo acerca de tus desilusiones?
- Al mirar atrás y considerar tu pasado, ¿qué regalos han surgido a partir de tus desilusiones?
- ¿De qué formas puedes aprender a luchar bien en medio de tu vida ahora mismo?
- ¿Cómo te ayuda esta enseñanza del jardín del Edén a tener un mejor entendimiento de lo que estás atravesando?

Padre:

Vivir en el caótico medio entre los dos jardines es muy complicado algunas veces. Enséñame a luchar bien entre mi fe y mis sentimientos, cuando la vida me desilusiona de formas que nunca llegué a imaginar. Mis desilusiones no se sienten como un don, pero voy a confiar en ti, el Dador de los buenos regalos. Te pido que sueltes una atmósfera de esperanza en mi vida actual.

En el nombre de Jesús. Amén.

Capítulo 2

POLVO

Me agarré el pecho mientras las lágrimas rodaban por mis mejillas en un río sin fin. El dolor que había en mi corazón no era físico. Pero la puñalada emocional era tan intensa que casi no podía respirar. Me temblaban las manos. Mis ojos estaban más abiertos debido al temor que me asaltaba. Sentía que mi boca estaba paralizada. Mi vida había pasado de sentirse plena y completa a estar irreconociblemente extinta.

Me habían lastimado muchas veces en mi vida, pero nunca como esta.

Después de veinte años de matrimonio, no tuve otra opción que decirle a mi esposo: "Te amo y te puedo perdonar. Pero no puedo compartirte".

Nunca me había sentido más destrozada y sola. Y entonces, para echarle más sal a la herida, la gente comenzó a hablar. Yo había mantenido en privado este infierno que estaba viviendo, solo les había contado a algunas pocas amigas y consejeras. Ellas fueron tiernas y me ayudaron de maneras que nunca podré compensar. Realmente hay gente muy buena en esta tierra. Pero otros no fueron tan comprensivos ni compasivos. Y ahora la realidad y los rumores me estaban aplastando. Estaba sufriendo la muerte de "la vida normal". Pero la gente no hace funerales para enterrar la "normalidad". Yo estaba luchando con el extremo pesar de haber perdido a la persona que amé más en este mundo, pero en vez de visitar una tumba y lamentar una muerte, estaba visitando la usina de los rumores y siendo devastada por toda clase de teorías y opiniones. Mi almohada estaba empapada con lágrimas de las que solamente yo conocía la verdadera fuente. No solo estaba lidiando con un profundo dolor personal, sino que estaba sintiendo en carne propia cómo mucha gente destruida emocionalmente a veces contribuye a la aflicción de otros.

Vivimos en un mundo quebrantado donde el quebranto sucede. Entonces, no es para sorprenderse que las cosas se rompan en nuestra vida también. Pero ¿qué pasa en esas ocasiones en que no solo se quiebran, sino que se hacen añicos y ya no hay posibilidad de reparación? Destrozadas al punto de convertirse en polvo. Por lo menos, cuando las cosas se quiebran hay alguna esperanza de poder pegarlas y unir las partes de nuevo. Pero ¿qué haces cuando ni siquiera hay piezas para recoger delante de ti? No se puede pegar el polvo.

Es difícil agarrar el polvo. Lo que una vez fue tan precioso ahora se reduce a nada más que a polvo volátil que el más leve viento puede arrastrar. Nos sentimos desesperadamente vacías, sin esperanzas. El polvo nos implora que creamos que las promesas de Dios ya no se aplican a nuestra vida. Que Dios está lejos y no puede alcanzarnos. Y que la esperanza de Dios se apagó como quien sopla una vela y una patente oscuridad es todo lo que ahora nos rodea.

Queremos que Dios lo arregle todo. Que edite esta historia para que tenga un final diferente. Que restaure esta realidad desgarradora.

¿Qué sucede si arreglar, editar y restaurar no es lo que Dios tiene en mente para nosotras en toda esta destrucción?

¿Qué pasa si, por esta vez, Dios desea hacer algo completamente nuevo? Ahora mismo. De este lado de la eternidad. Sin importar cuán destrozadas parezcan estar nuestras circunstancias.

El polvo es exactamente el ingrediente que a Dios le encanta usar.

Pensamos que las ruinas de nuestra vida no pueden servir para nada bueno. Pero ¿y si estos restos son la única forma de hacer volver el polvo a su forma básica para que pueda hacerse algo nuevo? Podemos ver el polvo como el resultado de una separación injusta. O podemos verlo como un ingrediente clave.

Piensa en una placa de hielo. Si el hielo está en forma de cubo, siempre será un cuadrado de hielo. Pero si se derrite, puede derramarse en un molde hermoso y volverse a congelar con una forma nueva. Con el polvo es más o menos lo mismo: es un ingrediente básico con gran potencial para crear una nueva vida.

De todos los materiales que Dios podría haber usado para hacer al hombre, eligió el polvo. "Entonces Jehová Dios formó al hombre del polvo de la tierra, y sopló en su nariz aliento de vida, y fue el hombre un ser viviente". (Génesis 2:7)

Jesús usó el polvo de la tierra para devolverle la vista a un ciego. Él dijo: "Entre tanto que estoy en el mundo, luz soy del mundo. Dicho esto, escupió en tierra, e hizo lodo con la saliva, y untó con el lodo los ojos del ciego" (Juan 9:5-6). Y después de lavarse en la fuente de Siloé, el hombre se fue a casa viendo.

Cuando mezclas polvo con agua, se hace barro. El barro, depositado en las manos de un alfarero, ¡se puede transformar en todo aquello que el alfarero sueñe!:

Ahora pues, Jehová, tú eres nuestro padre; nosotros barro, y tú el que nos formaste; así que obra de tus manos somos todos nosotros.

(Isaías 64:8)

Casa de Israel, ¿acaso no puedo yo hacer con ustedes lo mismo que hace este alfarero? Ustedes, casa de Israel, son en mi mano como el barro en la mano del alfarero.

(Jeremías 18:6)

El polvo no tiene por qué significar el final. A menudo tiene que estar presente para que algo nuevo se inicie.

El polvo no tiene por qué significar el fin. A menudo tiene que estar presente para que algo nuevo se inicie.

Piensa hasta qué punto se siente como si fuera el final cuando alguien muere. No importa cuánto nos cuidemos a nosotras y a nuestros seres queridos, no importa cuán buenas seamos, no importa qué grado de madurez en la fe tengamos: no escaparemos a la realidad de que la muerte es segura y que nuestra vida será reducida a polvo. Génesis 3:19 nos dice que venimos del polvo y al polvo volveremos. Eso debería hacernos dar un paso atrás y preguntarnos: "¿Cuál es el sentido de todo esto?". Al final todos moriremos, nos descompondremos y convertiremos en polvo. Pero para aquellos que creen en Jesucristo como el Señor de su vida, ese no es el fin, sino el comienzo de una transformación que todos anhelamos experimentar. La muerte física es la única forma de comenzar el proceso de recibir nuestro cuerpo celestial, que nunca se desgastará ni se descompondrá de manera alguna, y que nunca será reducido a polvo.

Pues sabemos que, cuando se desarme esta carpa terrenal en la cual vivimos (es decir, cuando muramos y dejemos este cuerpo terrenal), tendremos una casa en el cielo, un cuerpo eterno hecho para nosotros por Dios mismo y no por manos humanas. Nos fatigamos en nuestro cuerpo actual y anhelamos ponernos nuestro cuerpo celestial como si fuera ropa nueva. Pues nos vestiremos con un cuerpo celestial; no seremos espíritus sin cuerpo. Mientras vivimos en este cuerpo terrenal, gemimos y suspiramos, pero no es que queramos morir y deshacernos de este cuerpo que nos viste. Más bien, queremos ponernos nuestro cuerpo nuevo para que este cuerpo que muere sea consumido por la vida. Dios mismo nos ha preparado para esto, y como garantía nos ha dado su Espíritu Santo. (2 Corintios 5:1-5, NTV).

¿Recuerdas la declaración de Dios en Apocalipsis 21:5 sobre el Edén restaurado?: "... yo hago nuevas todas las cosas". La muerte no es otra cosa que un conducto para que, en el tiempo designado por Dios, finalmente escapemos de este mundo quebrado lleno de imperfecciones y seamos recibidas en el Hogar que hemos estado anhelando toda nuestra vida. No determinamos cuándo será, pero no tenemos que temer a la muerte como si fuera el final. Es simplemente otro comienzo.

Lo cierto es que en el Edén restaurado no habrá más muerte. No habrá más llanto. No habrá más corazones quebrados o circunstancias rotas. No más realidades destrozadas. No más polvo. ¡Qué pensamiento de redención!: que la destrucción de nuestro cuerpo físico nos conduce a la renovación de Dios, donde no experimentaremos más destrucción, física o de otra índole.

Cuando escribí mi último libro, *Sin invitación*, sentí que tenía alguna sabiduría para compartir sobre el tema del rechazo. Dios me había ayudado a hacer grandes progresos con los tristes rechazos de mi pasado y yo estaba segura de que podía ayudar a otros. Me imaginaba a la lectora que había sufrido terriblemente a causa del rechazo sintiéndose menos sola porque podía sentir que yo estaba allí con ella. Podía confiar en que mis enseñanzas no eran solo teorías, sino que eran verdades aprendidas a lo largo de duras batallas que yo había librado. Esa lectora sabría que yo había sentido la profundidad de su dolor y podría confiar en que había esperanza de ser sanada también.

Escribí el libro.
Se lo entregué a los editores.
Taché esa tarea de mi lista.
La vida siguió su curso.

Y luego me enteré de la infidelidad de mi esposo. La vida tal como la conocía se detuvo. Todo se dio vuelta patas arriba. Y las mejores partes cayeron en la sacudida. Cuanto más trataba de aferrarme a lo que se estaba cayendo a mi alrededor, más me daba cuenta de mi falta de control.

Tal como describí al principio de este capítulo, me habían lastimado muchísimas veces en mi vida, pero nunca de este modo.

Las cosas se estrellaron. Se rompieron. Y ya no había arreglo para ellas. Las cosas pasaron de estar enteras a quedar hechas polvo. Me metí en la cama. Deseé que el mundo dejara de girar. Anhelé que todo quedara en pausa y no me dañara más. Pero nada de eso ocurrió.

Y esa es una de las realidades más devastadoras de los tiempos de polvo en nuestra vida. Necesitamos que el mundo deje de girar por un momento. Necesitamos que las celebraciones se detengan el tiempo suficiente para permitirnos superar nuestro duelo. Necesitamos que la gente que tiene expectativas acerca de nosotras deje de enviarnos correos electrónicos. Necesitamos que nuestra agenda quede en blanco.

Pero mi calendario no recibió esa nota. No se borraron por arte de magia todas las actividades que había acordado realizar cuando la vida aún era predecible y completa.

Incluyendo ese libro que había escrito sobre el rechazo. Iba a ser publicado en seis meses. Pero había un paso final que debía cumplir: tenía que leer todo el manuscrito completo una última vez.

Recuerdo que dejaron las pruebas de impresión del libro en mi casilla de correo. Vinieron a mi casa, lo repartieron con un camión que retumbaba mientras ingresaba por mi larga entrada de autos. El empleado del correo UPS dejó el paquete delante de mi puerta y tocó el timbre. Se subió de un salto nuevamente al camión y se fue rumbo a su próxima entrega.

Para ese repartidor fue solo un día más de trabajo.

Poco sabía que estaba devolviéndole la vida a un alma que pendía solo de un hilo.

Abrí el sobre y allí estaba: mi libro para ayudar al mundo a lidiar con los mismos sentimientos que ahora me punzaban el corazón. "¿Por qué dejaste, Dios, que yo escribiera ese libro cuando sabías que no tenía la menor idea de la devastación que venía en dirección a mí? Soy la más estúpida del mundo por haber elegido ese tema. Después de todo, debería haber sabido que sería atacada en la misma área de la que estaba escribiendo. Y Tú podrías haberme detenido, Dios. Podrías haber evitado todo esto".

Me sentí tan vacía al desplegar las páginas sobre el acolchado de mi cama.

No tenía nada que darle a nadie. Aun así, estaba a punto de pararme delante de un mundo tempestuoso cual Estatua de la Libertad, prometiendo mi propia versión de un nuevo comienzo: "Denme sus corazones rotos, las promesas que no les cumplieron y los temores bañados en lágrimas que pugnan por ser liberados. Yo seré una luz por medio de la cual ustedes encontrarán la esperanza de Dios y alivio para el doloroso rechazo".

Cuando escribí por primera vez *Sin invitación,* me había emocionado poder contarles a otras mujeres sobre la sanación de los rechazos de mi pasado. Pero ¿cómo rayos podría hablar sobre el rechazo cuando estaba sintiéndome destrozada por una nueva herida de tal profundidad?

Me quedé mirando las palabras impresas en esos papeles, formando líneas continuas página tras página.

Quería que todas ellas desparecieran.

El libro entero.

El rechazo.

La sincronización de todos los eventos.

Sí, especialmente la coincidencia temporal, que parecía un cruel e irónico golpe del destino.

Y lo más loco de todo es que en los meses previos a esta devastación, la única cosa que escuchaba de parte de Dios era: "Confía en mis tiempos".

Sin embargo, era precisamente el tiempo lo que me resultaba tan confuso. Fue la coyuntura la que alimentó esta intensa conciencia de que no importa qué tan bien planifique las cosas, no puedo controlar las circunstancias. No importa qué tan bien crea conocer a las personas que están en mi vida, no puedo controlarlas. No interesa lo bien que intente seguir las reglas y hacer lo correcto, y busque obedecer a Dios con todo mi corazón, no puedo controlar mi vida. Y no puedo controlar a Dios.

Es difícil escribir esas palabras.

Porque no quiero controlar a Dios.

Hasta que sí quiero.

Cuando su tiempo se me hace cuestionable, su falta de intervención me resulta hiriente y sus promesas suenan dudosas, tengo miedo. Me siento confundida. Y cuando me quedo sola con esos sentimientos, no puedo evitar sentirme desilusionada de que Dios no está haciendo lo que yo supongo que un Dios bueno debería hacer.

Doy por sentado que Dios habría visto el rechazo venir en mi dirección y me habría frenado para no escribir sobre ese tema. O, mejor aún, supongo que Dios habría intervenido e impedido que ese rechazo ocurriera en primer lugar. Quiero asumir que su promesa de nunca dejarme ni abandonarme significa que Él obra como un escudo sobrenatural alrededor mío, impidiendo que a mí y a mis seres queridos nos sucedan cosas horribles.

Intento suponer que mi definición de "mejor" sería la misma que Dios tiene de "mejor". Y que mi definición de "bueno" sería la misma que Dios tiene de "bueno". Quiero escribir la historia de mi vida sobre la base de todas mis suposiciones.

Por lo tanto, es imposible escapar de la realidad de que no quiero cederle el control a Dios. Quiero que Él me lo entregue a mí.

Y luego hago la suposición más peligrosa de todas: que ciertamente puedo hacerlo mejor que Dios.

Por supuesto, nunca verbalizo algo así. Pero ahí está. Me imagino a Satanás allí parado, tentándome. Tiene la palabra *control* escrita en una mano y *desilusión* en la otra. Levanta la que dice control y sugiere: "Toma el control de tu vida. Deja de seguir las reglas de Dios. Cuando tú estás en control puedes obtener todo lo que siempre sentiste que Dios te negó". Y con su otra mano comienza a señalarme las muchas decepciones que tuve en mi vida y me pregunta: "¿Por qué Dios no te da cosas buenas? Es un Dios tan restrictivo. Sus reglas no deberían aplicarse a tu situación. En realidad, tú sabes más que Él".

La desilusión sucede cada vez que me encuentro cara a cara con mi absoluta imposibilidad de controlar a las personas, circunstancias y tiempos. Y si pudiera controlar todas esas cosas, compondría mi propia versión de la perfección. Sería la jefa de mi vida y de los que están en ella.

Y haría exactamente lo que Adán y Eva hicieron. Tendría un amorío con mis deseos. Vendería mi alma por una mentira mezclada con veneno.

Las mismas cosas que supongo que me darían una vida mejor, serían las que al final me matarían.

Mira la peligrosa progresión de los hechos que ocurrieron con Eva:

En Génesis 2:16 (NTV), las primeras tres palabras que Dios le dijo a Adán cuando le da la regla de no comer del árbol del conocimiento del bien y el mal fueron: "Puedes comer libremente". Dios le dio un mensaje de libertad con una restricción para su protección.

Pero cuando la serpiente citó esta regla, cambió el lenguaje de libertad de Dios por una completa restricción sin libertad en absoluto. Al citar a Dios, las primeras tres palabras de la serpiente fueron: "No deben comer" (Génesis 3:1, NTV). Y después termina exagerando la regla al decirle a Adán que no debía comer de *ningún* árbol del jardín.

Eva oyó el error y corrigió a la serpiente, pero entonces agregó su propia restricción, que fue completamente diferente a la regla que Dios había dado: "Claro que podemos comer del fruto de los árboles del huerto —contestó la mujer—. Es solo del fruto del árbol que está en medio del huerto del que no se nos permite comer. Dios dijo: 'No deben comerlo, ni siquiera tocarlo; si lo hacen, morirán'" (Génesis 3:2-3, NTV).

Dios jamás dijo algo sobre tocar el fruto. Y, ciertamente, no dijo que si lo tocaban, morirían.

Ella lo supuso.

Por favor, observa lo peligrosa que puede ser esa suposición. Ella se quedó sola con sus pensamientos y suposiciones. Y estos la llevaron a dudar de Dios y a tomar el control de lo que ella deseaba. Lo que ella pensaba que era lo mejor.

¿Ves cómo la serpiente la hizo entrar en su juego? "—¡No morirán! —respondió la serpiente a la mujer—. Dios sabe que, en cuanto coman del fruto, se les abrirán los ojos y serán como Dios, con el conocimiento del bien y del mal" (Génesis 3:4-5, NTV).

En otras palabras, le dijo algo como: "Eva, no es malo querer ser como Dios, ¿no es cierto? ¿Por qué Dios querría impedírtelo?".

Yo no quiero poner en palabras de Eva algo que no podemos verificar en las Escrituras, pero su desobediencia parece apuntar a la misma lucha que yo también tengo cuando no me gusta el plan de Dios: "Seguramente yo podría hacer esto mejor que Él".

Génesis 3:6 (NTV) relata: "Vio que el árbol era hermoso y su fruto parecía delicioso, y quiso la sabiduría que le daría. Así que tomó del fruto...". No te pierdas esto. Antes de comerlo lo tomó. Lo tocó y no murió.

Después de eso lo comió. Y convidó a Adán, quien estaba junto a ella y vio que Eva no murió al tocarlo, entonces comió un poco. Y así entró el pecado.

¿Ves lo peligroso que fue citar e interpretar mal la instrucción de Dios? La suposición de que ella moriría cuando tocara el fruto parecía demostrar que Dios estaba equivocado. Y eso reforzaba la mentira de la serpiente sobre el hecho de que ella podría ser igual a Dios. Después de todo, no murió. Así que, entonces, ella sabía más que Él. Esta percepción tan peligrosa podía haberla ayudado a justificar el siguiente paso de comer el fruto. Aquí vemos la progresión del pecado. Y no fue solamente una tragedia personal para Eva y para Adán. Eso desató una horrorosa realidad para toda la humanidad.

El fin de la perfección.
El comienzo de las maldiciones.
Las consecuencias entraron en acción.
Y ellos fueron echados del jardín.
La muerte espiritual fue inmediata.
La muerte física era inminente.
Del polvo habían venido y al polvo regresarían.

Pero estas son las buenas nuevas: incluso cuando nosotras seguimos las pisadas de Eva y tratamos de tomar el control, hacemos suposiciones y malinterpretamos a Dios a todo nivel, aún así, Dios tiene un plan. Un buen plan. Un plan para hacer algo a partir del polvo. Y al final entenderemos que Dios nunca nos ha negado lo mejor. Nos está ofreciendo lo mejor que tiene al darse a sí mismo. Él es nuestra única fuente de perfección de este lado de la eternidad. Y Él ve un plan perfecto para nuestro polvo. Podemos tener temor a la desilusión de este mundo quebrantado. Pero Dios no. Él es consciente. Muy consciente de sus planes y propósitos finales. Esos planes no son evitar que nos lastimemos, sino mantener nuestra alma conectada, profundamente conectada a Él.

Y, seamos sinceras, si nunca nos desilusionáramos, nos conformaríamos con los placeres triviales de este mundo en vez de responder a la desesperación espiritual de nuestra alma. No pensamos en reparar las cosas hasta que se rompen. E incluso entonces, no llamamos a los especialistas hasta que no nos hayamos resignado a la idea de que no podemos arreglarlo nosotras mismas. Si nuestra alma nunca agonizara por la desilusión y el desencanto, nunca admitiríamos y nos rendiríamos por completo a nuestra necesidad de Dios. Si nunca quedáramos destrozadas, jamás conoceríamos el glorioso toque del Alfarero, haciendo algo glorioso del polvo, haciendo algo de nosotras.

Me llevó una eternidad poder leer los primeros párrafos de *Sin invitación*. Y luego las primeras páginas se convirtieron en un par de capítulos. Las lágrimas corrían por mis mejillas y mojaban mi blusa. Tomé las páginas sueltas y las abracé contra mi pecho.

Dios me había dado un año antes el libro que estaría tan desesperada por leer este año.

¿La lectora que yo imaginaba? Esa era yo.

Tal vez el tiempo y el tema de mi libro no fueron una broma cruel del destino.

Tal vez estaba bien, era lo que debía ser. Para mí y mi situación. Y para todo aquel que pronto se encontrara *Sin invitación*.

Y, tal vez, lo reciente de mi propio rechazo haría que el mensaje que pronto estaría dando fuera mucho más auténtico. No estaría enseñando solo de experiencias pasadas, sino desde una profunda conciencia de lo doloroso que el proceso de sanación puede llegar a ser.

Yo no hubiera escrito mi historia de esta manera. Hubiera evitado todo lo que se parece al polvo. Creo que todas lo haríamos.

Miremos, por ejemplo, ese párrafo que escribí antes.

Cuando su tiempo se me hace cuestionable, su falta de intervención me resulta hiriente y sus promesas suenan dudosas, tengo miedo. Me siento confundida. Y cuando me quedo sola con esos sentimientos, no puedo evitar sentirme desilusionada de que Dios no está haciendo lo que yo supongo que un Dios bueno debería hacer.

No hay ningún momento exacto que parezca adecuado para ser reducida a polvo.

No hay ningún plan que Dios pueda presentar en el que yo acepte ser quebrada en miles de piezas imposibles de pegar.

Simplemente no lo aceptaría.

Si quiero sus promesas, tengo que confiar en su proceso.

Y qué tragedia sería. Mi actitud controladora impediría llegar a ser el polvo que Dios requiere para crear ese algo nuevo que desesperadamente quiere hacer en mí. ¿Y no es precisamente de eso de lo que dependen sus promesas? Lo viejo volviéndose nuevo. Lo muerto cobrando vida. Lo malo de lo bueno. La oscuridad convirtiéndose en luz. Si quiero sus promesas, tengo que confiar en su proceso.

Tengo que confiar en que primero viene el polvo y luego viene la hechura de algo aún mejor en nosotras. Dios nunca va a abandonarte, pero Él recorrerá grandes distancias para hacer una nueva versión de ti.

¿Qué tal si la desilusión fuera en realidad la cita divina exacta que tu alma necesita para tener un encuentro radical con Dios?

Vamos a la fuente

EL POLVO NO TIENE POR QUÉ SIGNIFICAR EL FINAL. A menudo tiene que estar presente para que algo nuevo se inicie.

RECUERDA

- Vivimos en un mundo quebrantado donde el quebranto sucede.
- El polvo es exactamente el ingrediente que a Dios le encanta usar.
- Dios habla en un lenguaje de libertad; Satanás habla en un lenguaje de restricción.
- Dios es la única fuente de perfección de este lado de la eternidad. Y Él ve un plan perfecto para nuestro polvo.
- Si quiero sus promesas, tengo que confiar en su proceso.
- Dios nunca va a abandonarte, pero Él recorrerá grandes distancias para hacer una nueva versión de ti.
- ¿Qué tal si la desilusión fuera en realidad la cita divina exacta que tu alma necesita para tener un encuentro radical con Dios?

RECIBE

Ahora pues, Jehová, tú eres nuestro padre; nosotros barro, y tú el que nos formaste; así que obra de tus manos somos todos nosotros.

(Isaías 64:8)

También puedes leer:
Génesis 2-3
Jeremías 18:6
Juan 9:5-6
2 Corintios 5:1-5
Apocalipsis 21:5

REFLEXIONA

- ¿Cuándo has sentido que tu vida se deshacía al punto del polvo?
- ¿Cómo te identificas tú con la historia de la desobediencia de Adán y Eva?
- ¿En qué áreas albergas la esperanza de tener un nuevo comienzo?
- ¿De qué maneras estás dispuesta a confiar en el proceso de Dios para tu vida?

Padre:

- -

Este mundo está quebrantado y el quebranto ocurre, es cierto. Aun así, no puedo evitar sentirme destrozada y desilusionada cuando el dolor es parte de mi historia. No me gusta esto; no me gusta el polvo. Pero el polvo es uno de tus ingredientes preferidos para hacer algo nuevo y yo creo que Tú estás obrando ahora mismo para hacer eso nuevo en mi vida. Sé que nunca me abandonarás, sino que recorrerás grandes distancias para hacer una nueva versión de mí. Gracias, Señor.

En el nombre de Jesús. Amén.

Capítulo 3

PERO ¿CÓMO PASO LOS PRÓXIMOS 86 400 SEGUNDOS?

"Ok, así que polvo es todo lo que tengo delante de mis ojos. Y una gloriosa nueva versión de mí es lo que viene a continuación. Pero ¿cómo arreglo la tristeza de hoy? Porque tengo 86 400 segundos del día de hoy que necesito sobrevivir. Así que, ¿cuál es el plan para ayudarme a que hoy no me duela?". Miré al terapeuta a los ojos y me esforcé por no pestañear.

Quería que me diera un plan paso a paso para ayudarme a salir de esto. Quería una garantía de que, si seguía el plan al pie de la letra, el dolor se iría. Y si no podía darme nada de eso, entonces quería que me diera una píldora. Una píldora para dormir el año entero y poder despertarme a fin de año con todo milagrosamente arreglado.

Siempre deseo arreglar las cosas milagrosamente.

Hace unos días publiqué una imagen en mi cuenta de Instagram. Estaba toda transpirada. Pero no la clase de transpiración perfectamente realizada con un aerosol de las chicas atléticas que salen en la publicidad de ropa deportiva. Aquellas en donde ellas están saltando obstáculos o corriendo maratones o participando en una clase de *spinning* con una sonrisa en su rostro. Su sudor brilla encima de unos músculos perfectamente tonificados que gritan: "No como pizza, yo vivo para hacer ejercicio y ni siquiera uso alguna clase de faja reductora".

Increíble. Me identifico por completo con esa niña. En todo lo contrario.

Mi transpiración es más como: "Pobrecita, al menos lo intenta". El maquillaje estaba embadurnando todo mi rostro. Es tan atractivo ver tu delineado de cejas goteando por tus mejillas.

Entonces publiqué esa foto con esta descripción: "El estado de la situación en el entrenamiento de hoy. Tengan piedad. ¿Alguien podría inventar una máquina en la que yo simplemente me recueste y mueva mis músculos, queme calorías y me susurre al oído lo increíble que me voy a ver al final?". Más de trescientas personas se metieron en la conversación diciendo que, por favor, les dejara saber si alguna vez encontraba ese aparato. Porque todas queremos resultados rápidos sin dolor.

Mi terapeuta no me dio ninguna receta mágica. Estoy segura de que él hubiera querido dármela. Estoy segura de que deseó haber tenido una fórmula de reparación instantánea para rociar sobre mí y mis quinientos pañuelos desechables llenos de mocos. ¡De veras! Lloré tanto en algunas de nuestras sesiones que un día hasta me encontré formando un pequeño cono con la punta del pañuelo para metérmelo en las fosas nasales y detener el fluido. No se notaba mucho cuando mi mano presionaba el pañuelo contra la nariz. Pero mis animadas expresiones inevitablemente exigían que yo usara mis manos para enfatizar algo con gran emoción. Eso dejaba la punta del pañuelo de papel en forma de cono colgando de mi nariz.

¿Conoces la rara sensación que una tiene cuando está conversando con alguien que tiene algo en un diente? Casi no te puedes concentrar en lo que está diciendo porque: "Oye, mujer, ni siquiera te imaginas lo ridícula que te ves ahora, y quiero decírtelo, pero estoy esperando que tu lengua lo toque y finalmente te lo tragues".

Estoy segura de que mi doctor se perdió la mitad de todo lo que dije porque: "Oh, ¿no te das cuenta lo difícil que es estar en la zona empática del consejero cuando tienes un pañuelito doblado colgando de tu orificio nasal?".

Así que, claro, estoy segura de que quería con todas sus fuerzas arreglar unas cuantas cosas en mí. Especialmente mi deseo de estar bien ahora y mi negación a simplemente aceptar el proceso de sanación.

Yo sabía que Dios finalmente me haría estar bien. Sabía que Dios, de hecho, haría algo nuevo y maravilloso del polvo. Lo que no sabía era de qué manera funcionar sin perder la cabeza en la vida cotidiana. Como cuando hundí mi cabeza en el exhibidor de bananas en el almacén. Me quedé parada allí, con el carrito de compras vacío, el corazón lleno de dolor y mi cabeza haciendo presión sobre el exhibidor. La jovencita que atendía me vio y no entendió qué era lo que yo estaba haciendo allí. Supongo que creyó que estaba preocupada eligiendo las frutas que estaban delante de mis ojos. De modo que, pobre de ella, me preguntó: "¿Puedo ayudarte?". Giré mi rostro hacia ella. Las lágrimas salían a mares. Todo lo que pude pensar en decirle fue: "Necesito un pañuelo".

Ya sea que trabajes como terapeuta o seas una asistente mal pagada del puesto de frutas en el almacén, es realmente agotador estar con alguien con tantas emociones y tantos pañuelos de papel estrujados.

Mi terapeuta finalmente me dio la noticia de que, simplemente, no había una manera sencilla de solucionar las penosas circunstancias de mi matrimonio. Yo debía atravesarlas poco a poco. Y sería doloroso.

Sentir el dolor es el primer paso hacia la sanidad. Cuanto más evitamos el sentimiento, más dilatamos la curación. Podemos adormecernos, ignorarlo o fingir que no existe, pero todas esas opciones llevan a un eventual colapso, no a una mejoría.

> Cuanto más evitamos el sentimiento, más dilatamos la curación.

El sentimiento de dolor es como una luz de advertencia en el tablero del auto. La luz se enciende para indicar que algo anda mal. Podemos negarlo, ignorarlo, suponer que hay una pequeña falla técnica en el panel de operaciones. Hasta podemos ir al mecánico y pedirle que apague esa molesta lucecita. Pero si es un buen mecánico, te dirá que es necio no prestarle atención. Porque si no la atiendes, pronto algo se te romperá. La luz de advertencia no está intentando hacerte enojar, sino que está tratando de protegerte.

Con el dolor es algo parecido. Es el dolor que sentimos el que finalmente nos exige bajar las revoluciones lo suficiente como para atender lo que de veras está sucediendo debajo de la superficie.

Yo no sé qué dolor estás sintiendo hoy. Pero sospecho que, sea cual fuere, tiene ciertas raíces en la desilusión. No pensaste que la vida sería así. No creíste que las circunstancias serían así. No supiste que tú serías así. No imaginaste que ellos serían así. No creíste que Dios sería así.

Dependiendo del grado de dolor, usarás diferentes términos para describirlo. Términos usados en estas páginas. Palabras como: *desilusionada, devastada, decepcionada* o *arrastrada al borde de la frustración*. Cualquiera que sea la forma que uses para describirlo, las raíces de todos esos sentimientos se pueden remontar a la desilusión. Estás expresando que tu experiencia de vida no coincide con tus expectativas de lo que pensaste que sería todo.

Esos sentimientos son dolorosos. Y el dolor debe atenderse.

Dios me ayudó a verlo de una manera bastante dramática el verano pasado.

Un día del pasado junio, me levanté al que suponía que sería otro lunes común y corriente. Pero nada era normal. Sentía como si tuviera cuchillas perforándome. Oleadas de náuseas me hicieron convulsionar y estaba desesperada por encontrar algún alivio. Traté de levantarme de la cama, pero me derrumbé. Di un grito.

Mi familia me llevó de urgencia al hospital, donde todos esperábamos encontrar consuelo y ayuda. Pasarían cinco días horriblemente agotadores antes de encontrar ambas cosas. Sentía que era imposible vivir otra hora, mucho menos otro día. Nunca deseé con tanta desesperación morirme con tal de aliviar el dolor.

Pero estar tendida allí, en la unidad de cuidados intensivos —con un abdomen que se distendía más y más a cada hora, tubos entrando y saliendo de un cuerpo que se rehusaba a funcionar, y analgésicos intravenosos que, en las dosis más altas, no conseguían aliviar el dolor—, hacía que la muerte luciera como una opción considerable.

Había pasado de sentir ganas de viajar de vacaciones el domingo a estar internada el lunes, bañada en lágrimas y sudor, en estado crítico.

¿¡Qué rayos era esto!? Quiero decir, el estómago me había estado doliendo con distintas intensidades durante años. Pero el dolor siempre pasaba y yo le restaba importancia, o pensaba que tal vez había sido algo que había comido o algún virus. Pero este padecimiento no podía ser ignorado o pasado por alto, porque me consumía.

Al principio mi mente no podía pensar de forma racional. Solo estaba en pánico, tratando de entender cómo quitármelo de encima. Esa era la urgencia del momento. Tan pronto como el pánico daba paso a la desesperación, clamaba a Dios por ayuda. "¡Llévate el dolor! Por favor, Dios, llévate este dolor".

Pero no lo hizo. No en ese momento ni al momento siguiente. Ni siquiera el próximo día.

Su silencio me apabullaba.

¿Cómo puede Dios hacerme esto? ¿Cómo puede decir que soy su hija a quien ama profundamente, pero me tiene allí tirada retorciéndome de dolor? Yo tengo hijos. Y si pudiera quitarles el dolor, sin dudas lo haría. Dios también podría haberlo hecho. Pero eligió no hacerlo.

C. C. Lewis escribió: "Creo en el cristianismo como creo en la salida del sol: no solo porque lo veo, sino porque es por ello que veo todo lo demás".[1]

Me gusta esa cita. Ciertamente, es digna de Facebook. Pero en el contexto de mi cama de hospital, cuando la oscuridad del dolor parecía bloquear cualquier rayo de luz, una duda rebelde golpeaba en mi cabeza: "¿Qué ves ahora?".

Veía el dolor. Me veía a mí misma clamando desesperadamente a Dios. No veía evidencia alguna de que Dios estuviera haciendo algo mientras yo lloraba. Veía minutos tornarse horas y luego convertirse en días. Veía a los doctores rascarse la cabeza. Veía las lágrimas en los ojos de mi madre. Veía la tristeza en los rostros de mi familia. Veía el desconcierto en la mirada de mis amigas.

Pero no vi a Dios hacer nada al respecto.

¿Y no es eso lo que más nos perturba respecto de esta relación que se nos anima a tener con Dios? ¿Tener una relación no significa que tú llegas cuando la otra persona te necesita?

Pocas cosas me afectan más que el hecho de que me desilusionen las personas que amo.

Pero ¿ser desilusionada por el hecho de que Dios no parezca acudir durante los momentos de mayor necesidad?

Eso me parte el alma.

No es que yo espero que Dios arregle todas mis situaciones. Pero sí espero que haga algo.

Seguía imaginándomelo parado al lado de mi cama, mirando mi angustia. Observando mi cuerpo temblar del dolor. Oyendo mis gritos, pero tomando la decisión de no hacer nada. Y no podía reconciliar esas dos cosas.

Lo mismo me sucede cuando oigo de un bebé que nació muerto. O de una madre joven que fallece de cáncer. O de un adolescente que se suicida. O de alguien que sufrió en un campo de refugiados. O de la gente que se muere de hambre en un país del tercer mundo.

"¿Dónde estás, Dios?".

Es decir, hasta los humanos con un mínimo de compasión son impulsados a hacer algo para ayudar a otro que está en una profunda aflicción y dolor.

Hace unos años, mi esposo y yo presenciamos un terrible accidente de auto. Sin siquiera pensarlo, nuestro instinto fue ayudar de manera inmediata. Yo comencé a orar mientras que Art saltó de la camioneta, corrió hacia uno de los autos y sacó al conductor, que estaba inconsciente, fuera del vehículo que echaba humo. Había sangre por todos lados. Vidrios y metales retorcidos. Y ninguna garantía de que esto fuera seguro. Pero algo dentro de nosotros nos impulsó a salir a ayudar.

Ni siquiera conocíamos a esas personas. Nunca llegamos a averiguar sus nombres.

Pero simplemente no podíamos pasar por allí y seguir de largo sin hacer algo. No digo esto para colocar un par de halos de luz sobre nuestras cabezas. Solo estoy diciendo que, tan imperfectos como somos, nos vimos compelidos a hacer algo.

Entonces, ¿cómo puede un Dios perfecto estar aparentemente en silencio algunas veces?

Los cristianos nos solidarizamos con estos horrores inexplicables con versículos bíblicos, sermones y clichés bienintencionados. Pero en los lugares más recónditos de nuestro cerebro, miramos hacia arriba y nos rascamos la cabeza. *Dios, esto realmente no tiene sentido. ¿Cómo hago para ver todo este sufrimiento sin sentido y continuar cantando que Tú eres un Padre bueno, muy bueno? Esto le agrega mucho combustible al fuego de los escépticos. Y, para serte sincera, me hace llorar. No quiero cuestionarte. Pero es difícil cuando me siento tan desilusionada. Siento como que no estás aquí.*

Después de los cinco días más largos e insoportables de mi vida, un nuevo doctor vino a mi cuarto de hospital, vestido con ropa quirúrgica y preparado para operarme. Harían un estudio más. Y, finalmente, tuvimos algunas respuestas. El lado derecho de mi colon se había desgarrado de la pared abdominal y se había enroscado alrededor del izquierdo. El torrente sanguíneo estaba completamente obstruido. El colon estaba distendido, de los cuatro centímetros normales de diámetro a más de catorce centímetros. Había estado en peligro de romperse cuando estaba alrededor de los diez centímetros, y en ese punto yo habría sentido algo de alivio del intenso dolor. Ese es el momento exacto en que muchos que sufren esta situación médica sienten ese alivio y se van a dormir. Sus cuerpos entran en *shock* séptico y se mueren.

El cirujano me explicó que tenía que entrar al quirófano de emergencia y que me quitaría la mayor parte del colon. Él esperaba salvar todo lo posible para que mi cuerpo pudiera funcionar adecuadamente, pero no estaba seguro. Ni siquiera estaba seguro de que sobreviviría a la cirugía.

Con esas noticias desalentadoras, abracé a mi familia, oré con mi pastor y me llevaron al quirófano en silla de ruedas.

Unas semanas más tarde, cuando ya estaba en casa recuperándome, me llamó el cirujano. Había recibido el informe patológico de la parte que había quitado y ya no teníamos que hacer ningún otro tratamiento. Sin embargo, había una parte alarmante del informe que él no podía conciliar, aun con todos los años que llevaba practicando la medicina.

Él me dijo: "Lysa, de verdad que no me gusta cuando la gente manosea la palabra *milagro*. Pero, sinceramente, es la única palabra que puedo usar en tu caso. Las células de tu colon ya estaban en estado de autólisis. Eso es cuando tu cerebro le ha ordenado a tu cuerpo que empiece a autodigerirse; es decir, a descomponerse. Es lo que sucede cuando mueres. Lysa, no podías haber estado más cerca de la muerte. Cómo sobreviviste, eso no lo sé".

Me quedé prendida al teléfono, pasmada. Y de repente me asaltó el pensamiento de esos días antes de la cirugía, cuando le había rogado a Dios que se llevara el dolor. Yo había cuestionado a Dios por el dolor. Le había preguntado cómo podía dejarme allí tan dolida. Y había llorado pensando que a Él no le importaba mi sufrimiento.

Pero al final, fue el dolor lo que Dios usó para salvar mi vida.

Eso fue lo que me mantuvo en el hospital. Fue lo que me mantuvo exigiendo que los médicos me hicieran más estudios. Fue lo que me obligó a ocuparme desesperadamente de lo que debían arreglar en mi cuerpo. El dolor fue lo que me hizo permitir que un cirujano me abriera el vientre. El dolor fue lo que me salvó la vida.

Si Dios me lo hubiera quitado, me habría ido a casa, mi colon se hubiera desgarrado, mi cuerpo se habría descompuesto y yo me habría muerto.

Ahora tengo una imagen completamente diferente de Dios, de pie al lado de mi cama de hospital mientras yo grito de dolor y le pido que me ayude. Él no me estaba ignorando. No, creo que precisó cada parte de su santo autocontrol para no avanzar y quitarme el dolor. Me amó tanto como para hacer precisamente lo que yo le estaba pidiendo que hiciera. Él sabía cosas que yo no. Él veía un cuadro más grande que yo no podía ver. Su misericordia fue tan grande. Su amor, tan profundo.

De hecho, Él es un buen, buen Padre.

El colon me había estado dando problemas por un tiempo. El estómago me había estado doliendo por un tiempo. Pero el dolor no había sido tan severo como para forzarme a ocuparme de lo que estaba sucediendo debajo de la superficie. Esto es cierto no solo respecto del dolor físico. También lo es del emocional. El dolor emocional del último capítulo de mi vida era algo que venía creciendo desde hacía un par de años. Pero yo no lograba identificarlo. No sabía exactamente contra lo que estaba luchando. Discernía que algo no andaba bien, pero el discernimiento no siempre da detalles. Una vez que la verdad salió a la superficie, el dolor fue tan intenso que ya no pude ignorarlo más. Tenía que hacer algo con él. Necesitaba la ayuda de Dios.

Y Dios desea ayudarnos.

Detente aquí mismo y personaliza esta oración. Dila en voz alta: "Dios desea ayudarme".

Ahora, mantén esta declaración en el contexto de cómo Dios desea ayudarnos. Hay muchas cosas con las que quiere ayudarnos, pero en el centro de todo, anhela ayudarnos a atravesar el proceso de ser hechas a la imagen de Cristo. Él es nuestro ejemplo final de luchar bien entre la fe divina y los sentimientos humanos, así que, cuanto más nos parezcamos a Él, más aprenderemos a confiar en Dios sin importar lo que nuestros ojos humanos vean.

Y Cristo, en los días de su carne, ofreciendo ruegos y súplicas con gran clamor y lágrimas al que le podía librar de la muerte, fue oído a causa de su temor reverente. Y aunque era Hijo, por lo que padeció aprendió la obediencia;

y habiendo sido perfeccionado, vino a ser autor de eterna salvación para todos los que le obedecen. (Hebreos 5:7-9)

Por favor, no te apures a pasar por alto esta verdad apasionante. Jesús aprendió la obediencia de su propio sufrimiento. Él era completamente Dios, pero también plenamente humano. Su divinidad era completa, pero su humanidad creció y maduró y aprendió a ser obediente.

Iba a necesitar un montón de obediencia para convivir con humanos que eran tan inconsistentes, negligentes, irrespetuosos, desconfiados e inflexibles por su orgullo. Necesitaría un montón de obediencia para amar a los que lo escupieron, burlaron y maltrataron de toda forma posible. Se precisaría mucha obediencia para ir a la cruz por esas personas. Por todas las personas. Por ti y por mí.

Su humanidad sufrió. Sufrió de veras. Oye la angustia que hay detrás de esta realidad: "... ofreciendo ruegos y súplicas con gran clamor y lágrimas al que le podía librar de la muerte...".

Su humanidad dijo: por favor, no más.

Su humanidad rogó algo diferente.

Su humanidad suplicó que hubiera otra forma.

Pero esta obediencia que aprendió del sufrimiento lo forzó a confiar en Dios más allá de lo que sus ojos físicos podían ver.

Oh, querido Dios, ayúdame a confiar en ti más allá de lo que ven mis ojos. Cuando los vientos de lo incontrolable me azotan y me apalean con fuerza, necesito algo que me mantenga en pie. Dame fuerzas. Sostenme cuando las circunstancias se desmoronan. Quiero confiar en ti más allá de lo que mis ojos puedan ver.

¿Te imaginas cuánta menos ansiedad, temor, congoja y dolor tendríamos si solo confiáramos verdaderamente en Dios? No me refiero a decir que confiamos en Dios porque es lo que tenemos que decir como cristianas. No quiero decir que solo cantemos canciones de confianza. Me refiero a tener un momento señalado. Un momento vivo y real al que podamos volver y recordarnos que hemos declarado nuestra confianza en Dios en medio de este sufrimiento. Con esta desilusión. Con esta situación concreta.

Jesús tuvo muchos momentos señalados. A menudo leemos sobre cómo se apartaba a orar y a estar con su Padre celestial. Él enfrentaba algo difícil y necesitaba un momento señalado con su Padre para poder cambiar su deseo humano por la voluntad de Dios. Leemos de uno de esos momentos señalados memorables en Marcos 14, cuando le pidió a Dios: "… aparta de mí esta copa". Su humanidad quería un plan diferente, pero Él marcó su pedido con la última declaración de confianza en Dios: "mas no lo que yo quiero, sino lo que tú". (Marcos 14:36)

Cuando Jesús nos enseñó a orar, nos mostró de nuevo en su vida lo que son los momentos señalados de manera regular.

> Por eso, ustedes deben orar así:
> "Padre nuestro, que estás en los cielos,
> santificado sea tu nombre.
> Venga tu reino.
> Hágase tu voluntad,
> en la tierra como en el cielo.
> El pan nuestro de cada día, dánoslo hoy".
>
> (Mateo 6:9-11)

Eso es obediencia. Eso es confiar. La obediencia es la práctica diaria de confiar en Dios. Así que, la única manera de ganar la clase de confianza en Dios que necesitamos para sobrevivir y prosperar en esta vida entre dos jardines es a través de las cosas que sufrimos.

Sufrimiento. Lo mismo exactamente que nos hace preguntarnos si acaso Dios es cruel.

Lo mismo que nos hace cuestionar la bondad de Dios. Lo mismo que no podía entender en mi cama de hospital. La misma cosa que no quiero que sea parte del plan de Dios nunca, nunca, nunca. No para mí. No para ti. Ni para ningún ser humano.

Pero esto es lo más loco de todo. Dios no quiere que tú o yo suframos. Pero Él lo permitirá en dosis que aumenten nuestra confianza. El dolor y el sufrimiento no son para dañarnos. Son para salvarnos. Para salvarnos de una vida en donde somos autosuficientes, autosatisfechas y ensimismadas, y estamos predispuestas al mayor dolor de todos: la separación de Dios.

Piensa en la razón por la que le gritamos a un niño cuando quiere cruzar una calle solo. El grito inicial puede causarle cierta tristeza y confusión. Pero ese pequeño sufrimiento es por el bien mayor de evitarle el sufrimiento peor de ser atropellado por un auto.

La situación con mi colon me causó mucho dolor y confusión. Pero era para el bien mayor de salvarme de un desgarro en el colon y, posiblemente, de la muerte.

Confiar en Dios es confiar en sus tiempos. Confiar en Dios es confiar en sus maneras. Dios me ama tanto como para no responder mis oraciones en otro momento que no sea el momento indicado. En la quietud de todo aquello que no nos hace sentir bien, esta verdad sí lo logra.

Entonces, la digo otra vez y mi sufrimiento de hoy ya no es tan intenso. Esta verdad me calma.

Dios me ama tanto como para no responder mis oraciones en ningún otro tiempo que no sea el tiempo preciso, y en ninguna otra forma que no sea la correcta.

Eso no cambia el hecho de que yo quiera que todo esto desaparezca. Quiero ser feliz. Quiero la normalidad. Quiero que las cosas sean fáciles. Quiero levantarme mañana en la mañana con los brazos de mi esposo rodeándome, mientras me asegura que todo lo que pasó fue nada más que una pesadilla. Eso es lo que yo quiero. Porque eso es lo que yo puedo concebir como un buen plan.

Sin embargo, Dios ve cosas que yo no veo. Él conoce cosas que yo no conozco. Solo Dios sabe cuál es el buen plan y lo que llevará que yo llegue allí. Y, sobre todo, Él sabe que si yo viera todo el tramo que viene por delante, me pararía a mitad de camino y nunca elegiría continuar con su plan. Pensaría que el precio es muy alto, que el sendero es muy escabroso, que el camino es intimidante y el enemigo es aterrador. Ningún ser humano es tan fuerte como para resistir ver demasiado del plan de Dios por anticipado. Debe ser revelado diariamente. Y debemos ser guiados hacia él lentamente.

Jesús es la persona perfecta para mostrarnos el camino, la verdad y la vida. Es el que entiende lo difíciles que resultarán los 86 400 segundos de este día. Dios no simplemente se queda atrás mirando nuestro sufrimiento y dice: "Buena suerte. Detesto que sientas dolor, pero bienvenida a la realidad de vivir en un mundo hundido en el pecado. Aguanta. Lidia con él. Algún día haré algo bueno de todo esto".

No.

Dios envió a su Hijo Jesús para que fuera su ayuda en carne y hueso.

Jesús vino a compartir nuestra humanidad. A sentir lo que nosotras sentimos. A ser herido como nosotras lo somos. A sufrir al igual que nosotras. A ser tentado como nosotras.

Dios **me ama**
tanto como para
no responder
mis oraciones
en ningún otro
tiempo que no sea
el tiempo preciso,
y en ninguna otra
forma que no sea
la correcta.

A vencer aquello que tememos. A hacernos libres de la maldición del pecado y de la muerte. Y a mostrarnos el camino de esta vida entre dos jardines.

> Así que, por cuanto los hijos participaron de carne y sangre, él también participó de lo mismo, para destruir por medio de la muerte al que tenía el imperio de la muerte, esto es, al diablo, y librar a todos los que por el temor de la muerte estaban durante toda la vida sujetos a servidumbre [...] Por lo cual debía ser en todo semejante a sus hermanos, para venir a ser misericordioso y fiel sumo sacerdote en lo que a Dios se refiere, para expiar los pecados del pueblo. Pues en cuanto él mismo padeció siendo tentado, es poderoso para socorrer a los que son tentados. (Hebreos 2:14-15, 17-18)

Pero no te pierdas el siguiente versículo. La siguiente oración. Esa es nuestra respuesta cuando estamos con la cabeza metida en el exhibidor, entre bananas machucadas, con un corazón tan apaleado que simplemente no podemos soportar más. O cuando estamos acostadas en una cama de hospital con nada más que mirar sino el rostro de médicos confundidos y una bomba de analgesia que ni siquiera está logrando aliviar el dolor de un estómago que convulsiona.

No necesitamos mirar a la empleada del puesto de frutas ni a los doctores. Tenemos un lugar adonde mirar. Tenemos un Salvador al que mirar:

> Por lo tanto, hermanos santos, ustedes que participan de una invitación que les llega del cielo, fijen su atención en Jesús, apóstol y sumo sacerdote de la fe que nosotros confesamos. (Hebreos 3:1, PDT)

Fijar nuestra atención en Jesús es cerrar los ojos. Señalar este momento declarando nuestra confianza en Dios. Declarar a nuestro Dios, tal como hizo Jesús: "No se haga mi voluntad, sino la tuya". Dejar de fijarnos en las circunstancias que nos azotan. Dejar de tratar de encontrarle el sentido a las cosas que no tienen sentido en medio de nuestro camino. Y dejar de preguntar y pedir un conocimiento que es demasiado pesado para que lo carguemos.

Por esa razón, Dios no quería que Adán y Eva comieran del fruto del conocimiento del bien y del mal. El entendimiento que les daría era una carga que Dios nunca quiso que llevaran. Y tal vez ese sea el motivo por el cual no tenemos todas las respuestas a nuestras situaciones. Dios no está tratando de hacerse el distante o el misterioso, o el difícil de entender. Está siendo misericordioso.

No tenemos que saber cuál es el plan para confiar en que hay un plan.

No tenemos que sentirnos bien para confiar en que hay algo bueno que viene.

No tenemos que ver evidencias de cambio para confiar en que no siempre será así de duro.

Solo tenemos que cerrar nuestros ojos físicos y fijar nuestros pensamientos en Jesús. Fijar nuestros pensamientos en Él. Pronunciar su nombre una y otra vez. Dios no quiere ser explicado: Él quiere ser invitado.

Y ahora mismo está buscando a alguien, el que sea, que de veras quiera recurrir a Él.

En medio de este mundo cruel y alocado, allí estarás tú…, la que, de entre todas, sea lo suficientemente valiente como para confiar y clamar el nombre de Jesús. Estás aprendiendo que las desilusiones no son un motivo para alejarte de Él. Son la razón para elegir un camino diferente. Un camino que muy pocos hallan.

Abandona el profundo deseo de tener todas las respuestas. De ver todo el plan. De llevar una carga que no tienes que llevar. Haz una elección diferente a la que hizo Eva. Ella exigió tener todo el conocimiento allí mismo y a su manera, ignorando la manera de Dios. Si tan solo ella hubiera mirado ese otro árbol. El árbol de la vida. El árbol de la mejor manera de Dios y de su perfecta provisión. Estaba allí para ella. Solo tenía que elegirlo.

Y nosotras también.

Las Escrituras nos recuerdan que "La esperanza que se demora es tormento del corazón; pero árbol de vida es el deseo cumplido". (Proverbios 13:12)

¡Guau!

El árbol del conocimiento del bien y del mal podrá no estar a la vista físicamente hoy, pero Satanás ciertamente nos está haciendo caer en el mismo sentido de desilusión, de la esperanza demorada. Él quiere que estemos tan consumidas por las expectativas que no se cumplen, que nuestros corazones cada vez se enfermen más. Quiere que nuestro interior se desilusione cada vez más a causa de nuestras circunstancias, de otras personas y de Dios mismo. Quiere que nuestro dolor sea cada vez más intenso, al punto de perder de vista a Jesús por completo. Y la muerte empiece a parecer atractiva.

Mientras tanto, Jesús está diciéndonos: "No niegues mis heridas; yo morí para darte sanidad. Eva se dirigió al árbol equivocado y recibió muerte. Yo morí colgando de un árbol para traerte de regreso a la vida. Yo soy el cumplimiento de tus anhelos. Yo soy tu Árbol de la vida".

Charles Spurgeon una vez predicó: "Queridos amigos: nunca verán el árbol de la vida correctamente a menos que primero miren a la cruz... Así pues, Jesucristo colgado de la cruz es el árbol de la vida en su invierno".[2]

En la hora más oscura que este mundo conoció, Jesús murió en una cruz, en un árbol, como Gálatas 3:13 lo expresa. Pero, así como nosotros sabemos que los árboles en invierno aparentan estar muertos, así también hay una transformación redentora en la obra de Jesús colgando de esa cruz. Tu vida puede ser sombría hoy. Pero no te confundas, hay una poderosa obra sucediendo.

Jesús está en el proceso de cambiar tu herida por sabiduría. ¡Y esta sabiduría será vida! Jesús nos está diciendo: "Nada de lo que tú deseas se compara a esta sabiduría. Yo cambiaré tu dolor por paz. Transformaré tu quebranto en honor. Y habrá valido la pena".

Así que me marcho del exhibidor de bananas en el almacén y me disculpo con la muchacha de las frutas. No necesito respuestas. Necesito a Jesús. Necesito que su sabiduría sea la voz más fuerte en mi vida ahora. Necesito que su verdad lave mis heridas ahora. Necesito detener toda esta locura de mis propias valoraciones y suposiciones. Mi alma fue creada para tener seguridad. Y eso, amiga mía, es exactamente lo que Dios nos da.

Incluso cuando no lo entendemos. Incluso cuando las cosas no tienen sentido. Y, especialmente, cuando estamos desilusionadas.

Y, por favor, no me malinterpretes. No estoy diciendo que nada de esto sea sencillo. El dolor todavía se siente.

Hay otras personas que han tenido la misma emergencia médica que yo tuve, solo que ellas no sobrevivieron. También hay otros horrores y condiciones inhumanas ocurriendo en este mismo segundo en todo el mundo. Un dolor inexplicable. Inconmensurable. Indescriptible.

Todo lo que tengo que hacer es pararme al lado de la tumba de mi hermana, quien murió muy joven y con mucho dolor, para recordar que nada de esto es sencillo. Algunas cosas no se arreglarán de este lado de la eternidad; simplemente hay que superarlas.

Pero cuando mi cerebro me suplica que dude de Dios —lo cual ciertamente hace—, encuentro alivio a mi incredulidad dejando ir mi valoración humana y mis suposiciones. Le doy la espalda al árbol del conocimiento y fijo la mirada en el árbol de la vida. Dejo que mi alma sea abrazada por la seguridad divina: su Hijo. El que me entiende por completo. Y el que caminará conmigo cada paso de este camino si mantengo mi mirada firme en Él.

Así es como sobrevivo a los 86 400 segundos llamados "hoy".

Vamos a la fuente

DIOS ME AMA TANTO COMO PARA NO RESPONDER mis oraciones en ningún otro tiempo que no sea el tiempo preciso, y en ninguna otra forma que no sea la correcta.

RECUERDA

- Dios hará que al final todo esté bien.
- Cuanto más evitamos el sentimiento, más dilatamos la curación.
- Dios no quiere ser explicado: Él quiere ser invitado.
- Las desilusiones no son un motivo para alejarte de Él. Son la razón para elegir un camino diferente.
- Encuentro alivio a mi incredulidad dejando ir mi valoración humana y mis suposiciones.

RECIBE

La esperanza que se demora es tormento del corazón; pero árbol de vida es el deseo cumplido.

(Proverbios 13:12)

REFLEXIONA

- ¿Cuáles de tus oraciones aparentemente no han tenido respuesta de parte de Dios?
- ¿De qué manera estás invitando al Señor a formar parte de tus situaciones diarias, y cómo puedes mejorar el acercarte a Él?
- Dios está obrando poderosamente en tu vida y en tus situaciones. ¿Cómo sería para ti descansar en esa verdad hoy?

Padre:

Eres tan bueno. Puedo confiar en ti. Ayúdame a señalar momentos difíciles de este día con declaraciones de mi confianza en ti. Hay más en lo que hoy estoy enfrentando de lo que mis ojos físicos pueden ver. Cuando el dolor parezca muy intenso y cuando piense que no puedo soportar ni un segundo más de sufrimiento, ayúdame a reconocer tu plan y tu protección en mi vida. Ayúdame a cambiar la incredulidad por la maravillosa sensación de alivio de que ya no tengo que preocuparme por cómo termine todo. Simplemente tengo que fijar mi vista en Jesús y en la manera en que Él me guía. Señalo este momento como un momento de confianza. Declaro que no tengo por qué entenderlo todo. Solo tengo que confiar.

En el nombre de Jesús. Amén.

Capítulo 4

PIES
BRONCEADOS

Alguien me comentó el otro día que mis pies estaban bronceados. Yo no sabía qué responder. Un "gracias" me sonaba raro. Me refiero a que, comentarios como esos, pueden tener múltiples respuestas. No estaba segura de si era una sutil manera de averiguar si no me había lavado los pies por un tiempo y lo que parecía bronceado era, en realidad, mugre. ¿O estarían pensado que yo, quizás, me había comprado un bronceador en aerosol? ¿O que, tal vez, no había usado calzado por tanto tiempo que el sol tuvo acceso a ellos?

La respuesta correcta es la última.

Así que, simplemente, respondí: "Cuando tu vida no requiere calzado, los pies se te broncean".

No intenté sonar lastimera, ni profunda. Solo estaba siendo honesta. Probablemente más franca de lo que nadie imaginaba. Hubo una risita nerviosa entre nosotras y alguna respuesta de que orarían por mí. Eso fue todo.

Bajé mi vista y miré mis pies. Declaré que ese era un buen momento. Nada épico. Ninguna evidencia de sanación profunda. Solo un momento de bien. Sí, había estado parada lo suficiente en el sol sin toda la utilería ni las pretensiones de estar bien vestida por fuera, pero destruida por dentro.

Y ahí fue cuando se me ocurrió que, cuando estás muy desesperada, prefieres vivir en cámara lenta por un tiempo. Aquietas esos ruidos externos para que la voz de Dios pueda ser la voz más fuerte que oyes en tu vida. Ahora, me doy cuenta de que ninguna de nosotras puede abandonar la vida cuando todo se derrumba. Pero quizás podemos abandonar algunas cosas.

Suprimí casi toda la televisión y las redes sociales.

Paré la lectura de cosas triviales en línea y elegí leer la Palabra de Dios más que nunca.

Eliminé el silencio atronador del vacío en mi vida, inundando mi casa con música de alabanza.

Suspendí las actividades extra todo lo posible y pasé más tiempo afuera con mis hijos y con amigas que vinieron a visitarme.

Evité montones de conversaciones con gente curiosa e intencionalmente busqué consejería pastoral y amigas con quienes sé que es seguro tener conversaciones profundas.

Interrumpí mis compromisos para predicar y volcarme de lleno a los demás en este tiempo, para poder tener más tiempo para recibir y atesorar.

Y descubrí algo maravilloso.

Cuando sufres, la lentitud se vuelve necesaria. La lentitud se torna buena. Una de las mejores cosas de ese tiempo para mí fue vivir una vida que no requiere zapatos. Cuando no usas calzado el sol tiene acceso a tus pies.

Y a nivel espiritual parece tener un significado paralelo. Cuando vives a un ritmo lento por un tiempo, el Hijo tiene acceso a las partes de ti que normalmente están cubiertas con el ropaje de lo cotidiano.

Nos vestimos con títulos impresionantes para mostrarle al mundo que tenemos algo grande entre manos. Nos vestimos de humilde jactancia para demostrar de manera encubierta lo grandiosas que somos, pero en ese modo silencioso de Dios-lo-hizo-todo-pero-yo-también. Nos vestimos de comentarios "ventajistas" para competir con otros, pero todo con comparaciones insinuadas con astucia. Nos vestimos con las teorías de Dios y opiniones santurronas acerca de los otros para encubrir nuestras propias áreas desesperadas y enfermizas que necesitan atención.

No nos gusta quitarnos los zapatos el tiempo suficiente como para que nuestros pies se bronceen.

No nos gusta quedar expuestas.

No nos gusta enfrentar los temores y andar a cara descubierta.

Cuando mi vida voló por los aires, no solo mi mayor temor se hizo realidad, sino que mi devastación privada quedó expuesta en público. Llorar en la quietud de mi habitación era mucho menos aterrador que ver a la gente discutiendo abiertamente sus pensamientos acerca de mi familia en internet. Las almohadas empapadas en lágrimas no te avergüenzan con sus opiniones. No debaten sobre tu salud mental o tu madurez espiritual. No teorizan sobre todo lo que deberías haber hecho mejor.

Pero la gente sí lo hace.

No todos, pero sí algunas personas realmente arrogantes y ruidosas, que desvían la atención de su propia necesidad de redención señalando las heridas de otras. No te confundas, esas que están más ansiosas por criticar duramente a las demás son las más desesperadas por mantener ocultos sus propios pecados secretos o penas sin resolver.

Estoy muy de acuerdo con los que me desafían con sabiduría bíblica y consideraciones que nacen de la oración. Pero esas son conversaciones que deben mantenerse cara a cara con labios compasivos, no a través de artículos escritos por dedos distantes. Tampoco en esas conversaciones en grupitos, envenenadas con juicios, pero enmascaradas con un "oremos por ella".

La mayoría de las personas fueron amables, respetuosas y compasivas, y ofrecieron sus oraciones cuando supieron sobre el quebranto que mi familia estaba atravesando. Pero solo se precisan unos pocos habladores para desviar la atención de una persona sensible y profundizar las ya penetrantes esquirlas de la angustia y conmoción. Cuando las personas hacen conjeturas y llegan a conclusiones hipotéticas, propias de los corazones que no han experimentado un dolor profundo, casi puedo garantizarte dos cosas:

- Temen tratar con sus propias zonas encubiertas, tanto que pasan sus vidas intentando exponer las de otros.
- No tienen los pies bronceados.

Pasé bastante tiempo durante ese verano en el que fui expuesta, pensando en cómo tratar con las personas hirientes. Y hablaremos de eso en un momento. Pero me di cuenta de que con lo primero que tenía que lidiar era con mi propio temor a los pensamientos, opiniones, murmuraciones y comentarios de los demás.

Y después de buscar y buscar en la Biblia, me sorprendí al descubrir por dónde Dios quería que comenzara. No con ellos, sino conmigo. No con sus palabras, sino con mis temores.

Después de todo, nunca podré controlar lo que pasa en la cabeza de otros o en sus conversaciones. Pero, con la ayuda del Espíritu Santo en mí, puedo definitivamente aprender a controlar cuánto permito que el temor a sus opiniones tenga acceso a mi vida. Y tengo muchas más posibilidades de alcanzar el éxito si trabajo en mi propio corazón. Cuanto más me concentro en querer que los demás cambien, más me frustro. Pero la frustración puede convertirse en una motivación para avanzar cuando asumo las riendas del proyecto a mejorar, o sea yo.

Mis temores.

Mi preocupación basada en mis temores.

Y mi ansiedad bañada en temor.

Yo y mis pies bronceados decidimos encarar una lista de pequeños temores primero. Me imaginé que ocuparme de cosas grandes como la ansiedad y la preocupación era como tratar de inflar a pulmón una piscina flotante del tamaño de Kansas. Pero ¿qué tal un balón playero para un niño? Es algo realizable, incluso para los que tienen pulmones normales.

De manera que decidí pensar en algo que temiera en gran medida, pero que fuera posible conquistar hoy. Un traje de baño de dos piezas. Jesús, ayúdame. Yo *no* puedo hacerlo. Ni siquiera pienso que un traje de baño de dos piezas esté en línea con mi teología. O biología. Y ciertamente no con mis cuarenta y ocho años de anatomía. De ninguna manera. Ni modo.

Con los ojos bien abiertos y las arrugas de la frente bien marcadas en mi expresión, me propuse conducir hasta el centro comercial. Había una ridícula selección de tiras con triangulitos cosidos que formaban la parte de abajo y la de arriba. Estaba muy segura de que esa era la idea más estúpida que emergió en la historia de todos mis pensamientos pasados, presentes y futuros.

Pero sabía que esto no tenía nada que ver con un traje de baño. No tenía absolutamente nada que ver con teología ni con biología ni con anatomía. Tenía todo que ver con hacer algo en lo físico que me diera ojos para ver qué estaba sucediendo en lo espiritual. El temor no es algo que una puede barrer y descartar así como así. No es físico. Se mueve y nos persigue desde el mundo espiritual. Nos ataca en lo invisible. Así que, traerlo a la luz en la forma de un traje de baño de dos piezas me ayudaba a tocarlo. A entenderlo. Y a infundirle la suficiente cantidad de determinación santa a mi alma para escoger el traje de baño más conservador, pero todavía completamente peligroso, de un estante inferior, y declarar la guerra.

Mentalmente proclamaba una y otra vez que el espíritu de cobardía no proviene de Dios (2 Timoteo 1:7). Por lo tanto, tenía que venir del enemigo. Como cuando lo puse en la cinta transportadora de la caja registradora. Como cuando arrojé la bolsa plástica en el asiento del acompañante en mi auto. Como cuando conduje a casa sintiendo ese extraño y desconocido coraje fluyendo desde lo más profundo de mí. Como cuando le quité las etiquetas. Como cuando lo desenvolví y lo desaté. Como cuando, parada allí, completamente sola en la privacidad de mi habitación, enfrentando el paso más difícil de todos, volví mi rostro al espejo.

Y allí fue cuando el temor se intensificó al nivel más doloroso hasta ese momento. Tenía que enfrentarme a mí misma si alguna vez quería enfrentar este temor.

El enemigo nos quiere paralizadas y comprometidas con los susurros, dudas, los "qué tal si…", las opiniones, acusaciones, malentendidos y todos esos otros grilletes que nos mantienen esclavas del miedo.

Parada allí, sintiéndome completamente aterrada de volverme hacia el espejo, de repente entendí. Lo que le da poder a todo lo que temo que otros estén pensando, acusando y diciendo, no son las personas en sí.

Ni siquiera es el enemigo. Yo soy la que decide si sus declaraciones tienen poder sobre mí o no. Soy yo. Y mi deseo desesperado de pasar desapercibida. No quiero sentirme desnuda de ninguna forma. Aunque estaba técnicamente con un traje de baño, todavía me sentía muy expuesta. Y yo no quiero estar expuesta, porque no sé cómo hacerlo y no sentir vergüenza.

Ahí estaba. La raíz de este miedo. Me he permitido creer que ser despojada de todos los apoyos, pretensiones, aplausos y aprobación es ser despojada de las mejores partes de mí. Cuando en realidad, lo mejor de mí sale a la luz cuando estoy más cerca de ser como Dios me creó, desnuda y sin vergüenza.

Estar parada, desnuda y sin vergüenza, es como era la vida en el jardín del Edén. "Y estaban ambos desnudos, Adán y su mujer, y no se avergonzaban". (Génesis 2:25)

El **enemigo** nos quiere paralizadas y comprometidas con los "qué tal si…", las opiniones, acusaciones y malentendidos.

Adán y Eva podían hacerlo porque no tenían otras opiniones con las que contender, sino el absoluto amor de Dios mismo. Así que ellos estaban allí de pie ante el Gran Creador, cuyo corazón explotaba en millones de esperanzas y sueños y propósitos para estas dos vulnerables, pero valiosas criaturas que estaban delante de Él. Su deleite. Su creación. Su reflejo.

Desnudos. Sin vergüenza. Y, por ende, completamente libres de temor.

Para mí, voltearme y pararme frente a mí misma de esta manera, era un momento señalado en donde estaba echando fuera el temor. Era mi regreso al pensamiento del jardín. Esa realidad del jardín de que puedo estar desnuda sin ninguna otra opinión con la cual contender, sino el absoluto amor de Dios. Habitar bien en esta vida entre dos jardines requiere hacer la paz con el hecho de estar desnuda y sin avergonzarme. No necesariamente para que el mundo lo vea. Sino solo yo y Dios.

Apreté los puños y comencé a recordar declaraciones que otros habían hecho. Necesitaba hablar sobre esas declaraciones y remover su poder de mi vida.

Cuando mi padre biológico dijo: "Desearía no haber tenido hijos", mi interpretación, que le dio a esa frase un poder para alimentar mis temores, fue: "No fuiste deseada".

Cuando las otras chicas en la escuela secundaria dijeron: "Lysa es una fracasada", el combustible de mi temor fue: "No eres aceptada".

Cuando el chico del que estaba enamorada dijo: "Solo quiero ser tu amigo", el combustible de mi temor fue: "No eres muy bonita".

Cuando la otra madre dijo: "Tu hijo es el peor", el combustible de mis temores fue: "Tus hijos van a ser tan problemáticos como tú".

Y luego vino la declaración más hiriente de todas, cuando mi esposo me dijo que había conocido a otra persona. El combustible de mi temor fue: "Todas las peores cosas que siempre te has preguntado acerca de ti son verdad".

No hubo falta de combustible para encender las declaraciones de otros, tanto de los que me conocían como de los que simplemente sabían algo acerca de mí, y ayudarlas a llegar justo al corazón de mis vulnerabilidades e inseguridades. Yo temía esas palabras, porque simplemente les daban voz a todos los pensamientos que ya me acosaban.

Si alguien dice algo acerca de mí que no es cierto, debería ser capaz de sacar la Taylor Swift que llevo dentro y simplemente sacudirlo. Si es una expresión ridícula, entonces debería ser como un olor desagradable que me haga retorcer por un momento y luego se vaya.

Pero si alguien dice algo sobre mí que ya me he preguntado antes, probablemente no pueda discernir si es ridículo o no. Invitaré a pasar esa afirmación y le ofreceré algo de beber, y un asiento mullido donde sentarse en algún lugar de mi mente. Y, antes de darme cuenta, se habrá instalado como una mala compañera de cuarto que nunca tuve la intención de tener.

Una compañera de cuarto que entra a mi habitación justo cuando estoy probándome un traje de baño de dos piezas y me recuerda todas las razones por las que nunca debería haber volteado a verme en el espejo. ¿Su hiriente declaración? "Detestas lo que ves. Tú en tu forma expuesta eres una vergüenza. Deberías tener temor de quién eres en realidad".

Y, al igual que Adán y Eva, quiero salir corriendo. Quiero esconderme. Escucho que Dios me llama, pero tengo miedo porque estoy desnuda, entonces me oculto.

Pero ¿no es interesante lo que Dios le dijo a Adán? No le preguntó por el pecado. No lo retó. No señaló sus errores y todo lo que estaba mal en el mundo a causa de que él había comido la fruta prohibida. Las dos primeras declaraciones de Dios a Adán fueron:

"¿Dónde estás tú?". (Génesis 3:9)

Y "¿Quién te enseñó que estabas desnudo?". (Génesis 3:11)

Dios no ignoraba las respuestas a estas preguntas. Pero Adán sí. Dios le hizo esas preguntas para que procesara lo que acababa de suceder a través de recordar, responder y, en última instancia, arrepentirse y confesar.

Pero, por favor, lee las palabras de Dios dentro de una sinfonía de compasión. Había ternura en las acciones de Dios. Por ende, creo que había ternura en el tono de sus palabras. Adán y Eva tenían miedo. Esa es la razón por la que se escondieron de Dios y por la que tomaron hojas de higuera y se taparon. Pero en vez de culparlos y avergonzarlos, Dios cambió sus hojas por pieles. Confeccionó unas vestiduras de piel para cubrirlos. Esto era una sombra del derramamiento de la sangre de Jesús para cubrir nuestro pecado. Dios sabía ese día en el jardín que su pecado sería cubierto por la sangre de un animal, pero un día sería la sangre de su Hijo goteando desde una cruz. Su acto definitivo de compasión era anunciado por este otro acto de compasión. Sí, hubo consecuencias (el pecado siempre es un paquete completo que viene con consecuencias). Pero no pases por alto la ternura que Dios tuvo para con sus hijos. Y no te olvides que Él la tiene contigo.

Si estuviéramos juntas ahora, me volvería, con lágrimas de verdadera comprensión, y te susurraría al oído: "¿Quién te dijo que estabas desnuda? ¿Quién te dijo que eres menos que la gloriosa creación del Dios Todopoderoso? ¿Quién habló palabras sobre ti que te desnudaron y rompieron tu corazón?".

Debemos dejar que la palabra de Dios se convierta en las palabras que escriben nuestra historia.

Cualquier declaración que haya sido dicha sobre ti y que esté en contra de la verdad, ¡**debe llamarse mentira**!

La Palabra de Dios es la verdad. Y su verdad dice que eres santa, una hija amada por tu Padre celestial.

Fuiste creada maravillosamente.

Eres un tesoro.

Eres hermosa.

Él te conoce completamente y te ama con pasión.

Eres elegida.

Eres especial.

Has sido apartada, consagrada.

No importa lo que hayas hecho o lo que te hayan hecho, esas palabras de Dios son la verdad acerca de ti.

Elige con cuidado lo que vas a recordar y lo que vas a olvidar.

Soy tan rápida para recordar las palabras hirientes de otros, pero tan lenta para recordar las palabras sanadoras de Dios.

Debemos fijar nuestra mente y corazón en las cosas de arriba, eligiendo recordar, repetir y creer las palabras de Dios.

Debemos dejar que la Palabra de Dios se convierta en esas palabras en las que nuestra mente y corazón va a aparcar.

Debemos dejar que la Palabra de Dios se convierta en las palabras que creemos y recibimos como verdad.

Debemos dejar que la Palabra de Dios se convierta en las palabras que escriben nuestra historia.

———◆———

Oí una sinfonía de compasión llenar mi habitación. Oí a Dios rechazar las declaraciones dañinas y quitarles su poder. "¿Quién te dijo eso? ¿Acaso no son personas quebrantadas, vulnerables, con sus propias heridas y dolores? ¿Podrías tener compasión de ellas sin ser subyugada por sus pensamientos? ¿Serías capaz de tener compasión por ti misma? ¿Quién te dijo que estabas desnuda? ¿Y quién te dijo que tú, en tu forma desnuda, eres menos que gloriosa?".

Tragué en seco. Y volteé hacia el espejo.

Volteé y no me morí. Ni siquiera me encogí. Allí estaba, completamente expuesta. Mi edad era evidente. Mis defectos a plena vista. La cicatriz de mi cirugía corría como un signo de exclamación en la mitad de mi ser. Pero estaba de pie. Fuerte. Tal vez más fuerte de lo que había sido en toda mi vida.

Casi podía sentir el temor perdiendo su control sobre mí. Desenmarañando sus efectos estranguladores en mi ser, de tal manera que casi me sentí inspirada a mostrarme en público. Pero entonces, Jesús ciertamente tomó el volante y me ordenó a mí y a mis pies bronceados que, simplemente, permitiéramos que esta lección se asentara en lo profundo. En donde más importa. Dentro de este nuevo yo, ya casi sin temores. Desnuda y sin vergüenza. Tan profundamente amada por Dios.

Vamos a la fuente

CUANDO VIVES A UN RITMO LENTO POR UN TIEMPO, el Hijo tiene acceso a las partes de ti que normalmente están cubiertas con el ropaje de lo cotidiano.

RECUERDA

- Debo aprender a controlar cuánto permito que el temor a sus opiniones tenga acceso a mi vida.
- El enemigo nos quiere paralizadas y comprometidas con los "qué tal si...", las opiniones, acusaciones y malentendidos.
- Habitar bien en esta vida entre dos jardines requiere hacer la paz con el hecho de estar desnuda y sin avergonzarme.
- Debemos dejar que la Palabra de Dios se convierta en las palabras que escriben nuestra historia.
- Soy profundamente amada por Dios, aun en mi forma desnuda.

RECIBE

Y estaban ambos desnudos, Adán y su mujer, y no se avergonzaban.

(Génesis 2:25)

También puedes leer:
Génesis 3:9,11
2 Timoteo 1:7

REFLEXIONA

- ¿A quién le has dado tanto poder en tu vida que sus palabras acerca de tu desnudez te han causado temor? ¿Cómo te han afectado esas palabras?
- ¿Alguna vez has tenido temor de lidiar con tus zonas encubiertas, tanto que intentaste exponer a otros? ¿Cómo terminó?
- ¿Cómo puedes vivir paralizada por el temor, en vez de vivir en la realidad de que eres muy amada por Dios?

Padre:

Confieso que he pasado mucho tiempo rememorando en mi mente las palabras dañinas de otros en vez de proponerme recordar tus palabras sanadoras. Vengo a ti hoy con mi alma cansada. Cansada de correr. Cansada de esconderme. Cansada de sentir que nunca soy lo suficientemente buena. Ayúdame a recibir y creer las palabras que Tú dices que son verdad acerca de mí. Que soy tu tesoro. Que soy hermosa. Que he sido elegida y apartada. Incluso con mis fallas. Incluso con todas estas cicatrices. Arranca toda etiqueta, toda mentira y también toda máscara que traté desesperadamente de sostener en su lugar. Ayúdame simplemente a estar delante de ti hoy, desnuda y sin vergüenza. Completamente conocida y amada con pasión.

En el nombre de Jesús. Amén.

Capítulo 5

DE PINTURAS Y PERSONAS

Era el 21 de julio. Mi cumpleaños número cuarenta y ocho. Esa era una de las partes más difíciles de esta temporada de sufrimiento. La temporada del polvo. Yo no era capaz del típico comportamiento: "Ey, como es mi cumpleaños quiero planificar un poco…, soñar un poco…" Nada de eso. El futuro se veía terriblemente tenebroso. Solo podía afrontar el futuro en cucharadas de tiempo. No semanas ni meses. Ciertamente, no un año entero. Cuando la vida se te desmorona, hay un desconocimiento de cada uno de los siguientes milisegundos. De cada próxima respiración. La pacífica predictibilidad de lo que pensaste que sería tu vida, de repente es reemplazada por una inesperada oscuridad y silencio a los que no estás acostumbrada. Es como cuando se corta la luz en la oficina y no hay ventanas. Es impactante. Lo que estaba lleno de actividad y productividad, planes y detalles importantes, jefes mandando y empleados trabajando, se vuelve tan silencioso como el pasillo de un hospital.

No, este cumpleaños no se trataría de mirar el año por anticipado y soñar en cómo construir sobre los previos cuarenta y siete. No cuando un apagón de proporciones épicas se había derramado por las páginas de todas mis esperanzas, sueños y presunciones de lo seguro que sería ciertamente el mañana.

Se suponía que el año cuarenta y ocho sería el año en que el último de nuestros cinco hijos se iba a la facultad. Un año de nido vacío. No habría más compromisos de llevar y traer al colegio secundario ni de reuniones de padres los martes por la noche. Todas esas cosas eran parte de la gloriosa etapa de criar una familia. Pero ahora podíamos andar libres y despreocupados. Planear una salida un martes. Una caminata larga un miércoles. Y entonces desatarnos y un viernes por la mañana simplemente decidir manejar rumbo a las montañas o a la playa.

Las páginas de nuestra vida iban a ser tan divertidas y predecibles como uno de esos libros de colorear para adultos. Veinticinco años de matrimonio habían hecho que la vida tomara forma. Entonces, todo lo que teníamos que hacer ahora era agregarle color. Colorear dentro de lo que ya está bellamente dibujado es una alegría predecible para mí. No hay estrés cuando el mayor riesgo que asumes es elegir si pintas las flores de púrpura, de amarillo o de rosado.

Pero en este cumpleaños número cuarenta y ocho abrí el libro para colorear, y alguien había borrado todas las hermosas líneas.

No había otra cosa que páginas en blanco. Espacios vacíos. Infinitas posibilidades de temor y de fracaso.

Hablando de forma metafórica, mi vida ahora era un lienzo blanco.

Creo que le conté este sentimiento a mi madre. ¿Y sabes lo que hizo? Me sugirió —no, en verdad me exigió— que tomáramos algunos bastidores nuevos y pintáramos el día de mi cumpleaños. Quería que fuéramos juntas a la tienda de artículos para pintura y manualidades, y nos codeáramos con artistas de verdad. Todos se darían cuenta de que yo era una impostora del arte. Alguien que pone los ojos en blanco ante las pistolas de pegamento. La que se encoge de hombros delante de la purpurina y la cola de pegar. Una transeúnte de los pinceles.

Dicho sea de paso, aprendí enseguida que estos venían en aproximadamente 467 opciones, sobre las cuales artistas emergentes como yo pueden estresarse al entrar en dicha tienda artística, por no hablar de todas las clases diferentes de pinturas. Y después estaban la infinidad de colores que me hicieron desear echarme ahí, en el medio del pasillo, y dormir una siesta. ¿Te imaginas a mi mamá tratando de explicarles a todos esos artistas reales por qué su hija de cuarenta y ocho años estaba en ese estado?

Gracias a Dios que la tienda de arte ese día estaba casi vacía. De modo que la muchacha de delantal, con trenzas en el cabello, energía y mucho conocimiento sobre pintura, tenía todo el tiempo del mundo para ayudarnos. Cargamos algunos insumos y nos fuimos a casa.

Y cuando manejábamos, seguía recordándome que eso iba a ser bueno y divertido, que no había presión para hacerlo de manera perfecta. Estaba con mi madre, que siempre ha tenido una actitud más que entusiasta con todo lo que yo he intentado. Le encantaría cualquier cosa que yo chorreara sobre el lienzo. Esta es la mujer que me oyó dar un reporte de un libro en la escuela primaria y decidió que yo debía ser la primera mujer presidenta de los Estados Unidos. Que Dios la bendiga.

También fue ella quien, una vez que le encantó un pequeño cuento que escribí, quería que llamara a Willie Nelson para que escribiera una canción sobre la historia. Willie... Nelson... Porque estoy segura de que Willie estará junto al teléfono hoy, esperando que una niña desconocida, con urticaria a las tiendas de arte, lo llame para ofrecerle ayuda con su carrera musical. Y entonces, ahora viene lo mejor, ella quería también que le **ofreciera cantarla con él**.

Pregúntame si canto.

No.

Tampoco pinto.

Pero te aseguro que ahí mismo, en mi pequeño auto cargado de artículos para manualidades, mi mamá estaba haciendo planes en su cabeza sobre qué museo necesitaría más mi primera pintura: si el Museo Metropolitano de Nueva York o la Galería Nacional en Washington D.C. Nadie jamás le dijo que algunas piezas de arte solo son para la cartelera de corcho de la cocina de mamá, no para la vitrina de una galería.

¡Me encanta su entusiasmo! Hasta que se dirige hacia mí, que estoy sosteniendo una pintura que chorrea por todas partes.

Mis hermanas se unieron a la aventura, lo cual ayudó a repartir el entusiasmo de mamá.

Yo pinté un bote. Ellas pintaron ángeles.

Y aunque mi madre tenía razón —pintar es terapéutico en muchas formas—, también fue una experiencia de terrible vulnerabilidad.

Era mi momento de ser la pintora en lugar de la observadora. Era mi momento de enfrentar la desilusión desde el punto de vista de un artista. Y para ser la pintora debía tanto mostrar mi habilidad como, más aterrador aún, exponer mi incapacidad. Me encontré con una frase del libro *Art and Fear* [Arte y temor] que lo expresa mejor: "Hacer arte te brinda, aunque incómodamente, una devolución precisa de la brecha que existe inevitablemente entre aquello que tuviste intención de hacer y lo que finalmente hiciste".[3] Y la brecha nunca se queda callada. Reverbera con el comentario. Lamentablemente, para muchas de nosotras es un comentario negativo. Es como una estrategia de Satanás. A él le encanta tomar un momento hermoso de la vida y llenarlo con una narrativa negativa sobre nuestros fracasos, que se reproduce en nuestra cabeza una y otra vez hasta que la voz de Dios es acallada. Él quiere que nuestros pensamientos estén bien enredados con los suyos.

Esos son sus pensamientos. Ese es su guion: "No. Eres. Tan. Buena". Lo escuchamos cada vez que tratamos de crear algo. Lo escuchamos cuando tratamos de ser valientes y comenzar algo nuevo. Lo escuchamos cuando intentamos vencer lo que fue y dar un paso hacia lo que podría ser.

Recuerda: mientras que Dios convierte con la verdad, el enemigo pervierte la verdad. Dios nos quiere transforma-

> # Mientras que Dios convierte con la verdad, el enemigo pervierte la verdad.

das, pero el diablo nos quiere paralizadas. Así que, cuando escuchamos pensamientos como "No soy lo suficientemente buena", que nos hacen retroceder, debemos tener en mente que el enemigo hará cualquier cosa para impedirnos avanzar hacia Dios o conectarnos más profundamente con otras personas. Esta "verdad" que pensamos que oímos no es una verdad en absoluto.

En el capítulo 9 hablaremos más acerca de las tres formas en las que el enemigo nos ataca. Pero por ahora, quédate tranquila, Dios nos quiere cerca suyo y no le importan nuestras imperfecciones.

El enemigo de mi alma no quería que ese día yo pintara. Crear significa parecerme un poquito más a mi Creador. Superar la angustia paralizante del lienzo en blanco significaba que de ahora en adelante tendría más compasión por otros artistas. ¿Creerás si te digo que cuando hice los primeros trazos en azul y gris sobre la blanca vacuidad que se hallaba ante mí, la declaración "no tan buena" estaba palpitando en mi cabeza con un timbre casi ensordecedor?

Y por favor, observa que el enemigo no deja este "no tan buena" como un susurro general que simplemente pasa por tus pensamientos. No, él lo hace muy personal. Tan personal que, por cierto, determinamos que esa es una valoración auténtica de la evidencia cada vez mayor de que somos insuficientes. Ni siquiera nos damos cuenta de que esto está viniendo del enemigo, porque la voz reconocible que oímos diciéndolo una y otra vez es la nuestra.

No soy lo suficientemente buena.

¿Hace cuánto tuviste este pensamiento acerca de ti misma por última vez?

Tal vez el tuyo no fue con un pincel en la mano. Pero sé que también lo has sentido. Cada vez que te sientes desilusionada, el enemigo te recitará su guion.

Esta mentira paralizante es una de sus tácticas preferidas para mantenerte desilusionada y decepcionada. Las murallas se levantan. Las emociones se intensifican. Nos protegemos, nos ponemos a la defensiva, desmotivadas y paralizadas por las incontables formas en que nos sentimos condenadas al fracaso. Allí es cuando nos damos por vencidas. Allí es cuando ponemos a los niños frente a la televisión porque nada en los libros sobre paternidad parece dar resultado. Allí es cuando nos conformamos con relajarnos en Facebook en vez del trabajo más desafiante de indagar en el libro de transformación de Dios. Allí es cuando conseguimos un empleo solo para ganar dinero en vez de ir tras nuestro llamado y hacer una diferencia. Allí es cuando descuidamos nuestras relaciones en vez de invertir en verdadera intimidad. Allí es cuando dejamos el pincel y ni siquiera lo intentamos.

Ahí estaba yo. Parada delante de mi bote azul, tratando de decidir a cuál voz escuchar.

Estoy convencida de que Dios estaba sonriendo. Complacido. Pidiéndome que me deleitara en lo que estaba bien. Esperando que tuviera compasión de mí misma y que me concentrara en esa parte de mi pintura que expresaba algo hermoso. Que solo estuviera ansiosa por entregar esa belleza a todo aquel que se atreviera a mirar mi bote. Que creara para amar a los demás. No para implorarles validación.

Pero el enemigo estaba pervirtiéndolo todo. La perfección se burlaba de mi bote. La proa estaba demasiado alta. Los detalles eran muy elementales. El reflejo del agua, muy abrupto y la parte trasera de la embarcación, demasiado descentrada.

La desilusión exigía que me concentrara demasiado en lo que no lucía tan bien. Era mi decisión a cuál narrativa me aferraría: "No tan buena" o "Deléitate en lo que está bien". Cada una de las perspectivas giraba en torno a mí, suplicándome que la declarara la verdad.

Yo estaba luchando por hacer las paces con mi creación pictórica, porque en realidad estaba luchando por hacer las paces conmigo misma como creación divina. Cada vez que no nos sentimos lo suficientemente buenas, negamos la poderosa verdad de que somos una gloriosa obra de Dios en proceso.

Somos imperfectas porque aún no estamos terminadas. Entonces, como creaciones sin finalizar, por supuesto, todo lo que tocamos tiene imperfecciones. Todo lo que intentamos tendrá imperfecciones. Todo lo que logramos también las tendrá. Y esto es lo que me vino a la mente: Yo pretendo de mí y de los demás una perfección que ni siquiera Dios mismo pretende. Si Él es paciente con el proceso, ¿por qué no puedo serlo yo?

¿Cuántas veces he permitido que las imperfecciones me hagan ser demasiado dura conmigo misma y con los demás?

Entonces, me obligué a enviarles una foto de mi bote a, al menos, veinte amigas. Con cada texto que mandaba, lentamente iba haciendo las paces con las imperfecciones de mi pintura. Decidí no dejar que me contuvieran las acusaciones del enemigo de que mi obra de arte no era tan buena como para ser "arte de verdad". Lo repito: esta vez no era para la validación, sino más bien para la confirmación de que podía ver las imperfecciones en mi pintura y aun así no considerarla indigna. Podía ver las imperfecciones en mí misma y aun así no considerarme indigna. Fue un acto de autocompasión.

Somos imperfectas

porque aún

no estamos

terminadas.

Debemos llegar a este lugar de la autocompasión si alguna vez esperamos tener verdadera compasión por los demás. La desilusión nos suplica que nos enfademos en secreto con todo lo que tiene grietas, con todo y todos los que batallan con el guion "no tan bueno". ¿Pero qué tal si, en vez de desilusionarnos de manera tan heroica con los demás, vemos en ellos la necesidad de compasión? El artista, el escritor, el predicador, la prostituta, el maestro, el que comparte el vehículo, el corredor de carreras, las esposas, los maridos, los solteros, los colegas, los adolescentes, los niños pequeños, las superestrellas más grandes que la vida, los que están en la cima del mundo y los olvidados en el fondo de todo. Sin excepción. Todos precisan compasión.

Hay un asunto primordial que nunca, antes de mi temporada de sufrimiento, había conocido. En la superficie no parece haber mucho peligro en el hecho de no tener compasión por los otros. Pero, te lo aseguro, la falta de conexión compasiva con nuestros pares humanos es parte de una movida más grande del enemigo.

Si puede distraernos con la narrativa negativa en la cual "no somos lo suficientemente buenas", perderemos de vista la metanarrativa, la grandiosa y global historia de redención en la que Dios planeó que todas nosotras jugáramos un rol crucial. Entender que ningún tiempo en el que nos acercamos y llevamos compasión a otro ser humano es un tiempo perdido. Más bien, es nuestra oportunidad de ofrecer contexto, propósito y significado a toda la vida. Los serenos momentos de compasión son momentos épicos de batalla. Suceden cuando silenciamos el caos y la vergüenza de Satanás con la revelación de Apocalipsis 12:11: "Y ellos le han vencido por medio de la sangre del Cordero y de la palabra del testimonio de ellos, y menospreciaron sus vidas hasta la muerte". Jesús puso la sangre. Nosotros debemos poner la palabra de nuestro testimonio.

Somos más triunfantes cuando depositamos nuestra desilusión en las manos de Dios y decimos: "Señor, confío en que Tú redimirás esto y me lo devolverás como parte de mi testimonio". Nuestras desilusiones con nosotras mismas, con nuestras vidas, no son solo evidencias aisladas de que no somos lo suficientemente buenas y de que la vida es dura. No, ellas son el lugar exacto en donde podemos romper el secretismo con los otros humanos y decirles sin pudor: "Yo también. Lo entiendo. No estás sola. Juntas vamos a encontrar el camino a casa".

Así como partir el pan con otro ser humano hambriento nutre nuestro cuerpo, romper el secretismo con otro ser humano herido alimenta nuestra alma con compasión. Tomamos el consuelo de Dios que hemos recibido en medio de nuestra propia desilusión y lo usamos para llevar consuelo a los demás. En palabras del apóstol Pablo:

"Bendito sea el Dios y Padre de nuestro Señor Jesucristo, Padre de misericordias y Dios de toda consolación, el cual nos consuela en todas nuestras tribulaciones, para que podamos también nosotros consolar a los que están en cualquier tribulación, por medio de la consolación con que nosotros somos consolados por Dios". (2 Corintios 1:3-4)

Cuando mostramos compasión por los demás, nuestra propia desilusión no suena tan hueca ni nos punza con tanta tristeza.

———◆———

A las pocas semanas de emprender mi aventura de pintar, mi casa estaba llena de bastidores. Y decidí que era tiempo de ir a una muestra de arte a ver la obra de otros artistas. Ahora que me atrevía a ser pintora, sentía que podía romper el secretismo con otra artista. Conocía su terror, su angustia, su desilusión, su preguntarse si ella era tan buena.

Ella no tenía que preocuparse por mantener todo eso en secreto, porque yo no pretendía que sus pinturas alcanzaran alguna expectativa irreal. Mostraría compasión. Ahora sabía cómo pararme delante de cada pintura sin otra cosa más que amor, asombro y deleite. Me rehusé a exigir algo de parte de la artista. Solo quería acompañarla a mirar cada simple obra de arte que ella había sido tan valiente como para exhibir. Luché contra todo pensamiento negativo como si estuviera ahuyentando una horda del infierno, tratando de impedirle ganar la menor pieza de terreno.

¿Sería tan valiente como para pararme ante su obra y exigirme averiguar todo acerca de lo que amo? ¿Tan valiente como para relajarme, dejar de hacer pucheros y cambiar mi mentalidad de siempre "estar a la altura de las circunstancias" por una de simplemente "permitirme ser vulnerable"? Es mucho más liberador solo exponerse y proponerse encontrar lo bueno. Liberarse de las desilusiones secretas. Dejar que mi mente se lance hacia la pequeñísima posibilidad del amor, la dulzura de un rayo de luz en este mundo hundido en los juicios oscuros, comentarios desagradables, opiniones filosas y resoplidos de disgusto.

Al ir contemplando cuadro tras cuadro en esa muestra de arte, me estaba exponiendo.

Y finalmente, me di cuenta de qué es lo que hace que una pintura sea tan placentera. Son sus imperfecciones. Ya

---

Cuando mostramos compasión por los demás, nuestra propia desilusión no suena tan hueca ni nos punza con tanta tristeza.

---

sabemos que una pintura no se ve tan bien como una fotografía. Y eso es lo que la constituye en arte. Ha sido tocada por un ser humano. Ha sido creada por alguien cuyas manos transpiran. Alguien que, posiblemente, no puede transferir la perfección divina de lo que ven sus córneas a lo que hacen las yemas de sus dedos.

Hasta los mejores pintores hacen algo fuera de escala, desalineado, con un tono muy oscuro o un cabello demasiado compacto. Tendrá fallas. Y ahí es donde tenemos que tomar una decisión crucial: ¿Qué haremos con la desilusión?

¿La veremos como algo desconectado de la precisión que anhelamos? ¿Algo indigno? ¿Otra desilusión para agregar a las que ya sentimos constantemente?

O, ¿veremos al humano detrás de la tinta? El corazón que se animó a sostener el pincel chorreando un color. Recuerda que ella fue la valiente en este caso. La que se expuso delante de todos. Tomó el riesgo. Enfrentó las desilusiones secretas de los demás. Y vivió. Dejó su marca.

La amo por haber hecho eso.

Y, por lo tanto, puedo amar su obra.

Nos atrevemos a tener afecto por una pintura. No por nuestra tolerancia hacia ella, sino por nuestro deleite con la forma en que lleva sus imperfecciones. Es única y singular. Expresa con elocuencia algo que nuestra alma comprende en la conexión invisible que establecemos cuando estamos de pie ante ella. Una explosión de coraje va a emanar del lienzo si el miedo no nos hace retroceder. En el justo instante en que la artista dejó su pincel y dio un paso atrás, complacida, permitió que esa pintura le robara unos cuantos latidos de su corazón para entregártelos a ti. El espectador. Cierra tus ojos y recibe este don tan humano sin demandar que sea mejor. Solo exponte a ella y vive.

La forma en que nos exponemos ante una pintura es un reflejo directo de la forma en que nos exponemos ante las personas. Sin importar quiénes son ni cómo son, hay solo una manera de presentarse ante las pinturas y las personas. Eso no quiere decir que estés de acuerdo con todo lo que dicen o hacen. Más bien, significa que valoras a cada uno como persona. Una persona que necesita compasión.

Me gusta esa palabra: *compasión*. Es estar conscientes de que cada una de nosotras les teme a las imperfecciones talladas en lo profundo de nuestro ser desnudo. Todas nos cubrimos. Y luego todas quedamos al descubierto cuando los éxitos se convierten en fracasos. ¿A quién deseas tener cerca en esos momentos en que chorreas desilusión y estás saturada de tristeza? Puedo asegurarte que no es a esas personas que desconocen tu historia completa, revestidas y enchapadas en orgullo, con sus bocas listas para derramar comentarios como: "Esto es lo que hiciste mal. Yo nunca me hubiera permitido estar en esta posición. Si hubieras hecho tal o cual cosa..."

No. Son los que están vestidos con ropas de comprensión los que deseas. Han experimentado a título personal lo que es la vida entre los dos jardines y que, a veces, la humanidad conlleva un dolor inexplicable. Ellas tienen en cuenta las instrucciones de la Biblia para cuando nos codeamos con otros seres humanos. "Dado que Dios los eligió para que sean su pueblo santo y amado por él, ustedes tienen que vestirse de tierna compasión, bondad, humildad, gentileza y paciencia" (Colosenses 3:12, NTV).

Nos revestimos de todas estas cosas cada día, al igual que un artista plástico pone un color que él o ella sabe que conectará su creación con los demás. Dios quiere que tú, su creación, te conectes con otros y les lleves luz y vida con pinceladas de compasión. Nota que la compasión aparece primero en la lista de Colosenses 3:12. Es desde un corazón compasivo que fluyen con naturalidad la bondad, humildad, gentileza y paciencia. Así como las mejores pinturas tienen un punto focal distintivo, Dios desea que tú y yo, sus creaciones preferidas, tengamos el foco de atención en la compasión. Cuando la gente nos ve, ¿ellos ven la compasión de su Creador?

De ser así, te garantizo que cuando el enemigo nos ve, tiembla. Él no se asusta por un alma juzgadora, barnizada con un falso sentido de perfección. Pero sí de la persona que ha sido herida y sale de esa experiencia como una persona que ama. Esa es una de las superestrellas de la grandiosa historia de Dios y la persona que deseas tener a mano en las grandes batallas de tu vida.

Ella luce las cicatrices del sufrimiento y no puede esperar para contarte su historia de supervivencia, de modo que tú también puedas sobrevivir. Tiene una gran compasión hacia todo lo creado, sea que esté cubierto de pintura, de carne o de polvo.

La única forma de obtener más de esta compasión es tomar el pincel con tus manos y sentarte en el banquillo de tu propio sufrimiento.

Si alguna vez has experimentado una oscuridad inesperada, un silencio y quietud a los que no estás acostumbrada, debes saber que esos tiempos difíciles, esas desilusiones devastadoras, esas épocas de sufrimiento, no son en vano. Te harán crecer. Te darán forma. Te suavizarán. Te permitirán sentir el consuelo y la compasión de Dios. Pero hallarás un propósito que te dará vida y significado cuando le permitas a Dios tomar tus experiencias dolorosas para consolar a otros. Serás capaz de compartir una esperanza que es única, porque sabes lo que se siente en su lugar.

En mi propia temporada de sufrimiento me sentía como si hubiera lamido el suelo del infierno. Así que ahora todo lo demás, en comparación, se ve más celestial. Te lo prometo. Lo sé. Las pinturas y las personas son más hermosas ahora, antes ni me molestaba en observarlas. Las pinturas y las personas necesitan la compasión que yo adquirí. Las pinturas y las personas necesitan la mirada esperanzadora que ahora puedo darles. Ahora es tu turno de pasar de ser herida a ser alguien que lleva esperanza.

Toma el pincel. Siente la tensión. Siente el temor y el peso de cada mirada, de todos los ojos y todas las opiniones. Elige ser convertida, por medio de exponerte a la verdad de Dios, que trae vida, y no ser pervertida por las ráfagas de muerte y desilusión del enemigo. Que tu corazón lata rápido y furioso, salvaje y muerto de miedo. Que golpee contra tu pecho y te suplique sintonizar con el latido de Dios.

Muéstrate.

La gente te necesita. La gente me necesita. Las personas necesitan saber que la compasión de Dios está vigente y está ganando la batalla épica del bien contra el mal. La gente necesita saber que *redención* es más que una palabra.

Pon algo de pintura en el vacío. Corrige el color de tu perspectiva. Olvida el anhelo de permanecer en las zonas de confort. Cambia tu comodidad por compasión. No te resignes a la dureza de corazón como lo más fácil en la vida. Mánchate con pintura. Apoya el pincel sobre el lienzo. Aprópiate de él. Declárate una artista. Y cuando alguien te robe las líneas de tu libro para colorear, decide pintar el mundo con la misma generosidad de compasión que Dios nos ofrece cada día.

Sé como Él, el Creador, el Maestro artista.

No seas como ellos. Los que están llenos de odio y tienen el corazón endurecido. Los que se niegan a reconocer que a sus libros para colorear también les faltan líneas. Los que se rehúsan a romper el secretismo con sus prójimos. Los que prefieren criticar a consolar. Los que emiten su opinión en voz alta, pero nunca sufrieron ante un lienzo en blanco.

Toma el pincel e ilumina el mundo con tu color y con tus intentos de crear. No trates de ser perfecta. No pretendas, siquiera, que es posible alcanzar la perfección. No te disculpes ni planifiques. Y no minimices el hecho de que estás aplastando el temor y el juicio con cada pincelada. Estás transitando el camino del artista. Estás, simplemente, exponiéndote con compasión. Y te amo por eso. Amo lo que va a nacer en tu lienzo para la gloria de nuestro Creador todopoderoso. El que redime el polvo. El que nos redime a nosotras.

Bueno, está bien, canta la canción de Willie Nelson, mamá. Pintemos y cantemos juntas hasta que las cuarenta y ocho velitas se hayan apagado.

Vamos a la fuente

SOMOS IMPERFECTAS PORQUE AÚN NO ESTAMOS terminadas.

RECUERDA

- Mientras que Dios convierte con la verdad, el enemigo pervierte la verdad.
- Dios nos quiere transformadas, pero el diablo nos quiere paralizadas.
- Dios no espera la perfección, y nosotras tampoco deberíamos esperarla de nosotras mismas o de los demás.
- Debemos llegar a este lugar de la autocompasión si alguna vez esperamos tener verdadera compasión por los demás.
- Los serenos momentos de compasión son momentos épicos de batalla.
- Debemos cambiar nuestra mentalidad de nada más "estar a la altura de" por una de "permitirnos exponernos".
- Las personas necesitan saber que la compasión de Dios está vigente y está ganando la batalla épica del bien contra el mal.

RECIBE

Bendito sea el Dios y Padre de nuestro Señor Jesucristo, Padre de misericordias y Dios de toda consolación, el cual nos consuela en todas nuestras tribulaciones, para que podamos también nosotros consolar a los que están en cualquier tribulación, por medio de la consolación con que nosotros somos consolados por Dios.

(2 Corintios 1:3-4)

También puedes leer:
Colosenses 3:12
Apocalipsis 12:11

REFLEXIONA

- Cuando la gente te ve, ¿ven en ti la compasión de su Creador? ¿Cómo sucede esto?
- ¿Cuántas veces has permitido que tus imperfecciones te hagan ser muy dura contigo misma y severa con los demás?
- ¿Cómo brindarías compasión en tu vida cotidiana estando presente para los demás?

Padre:

No quiero dejar que la desilusión y el dolor me hagan vivir la vida de una manera más cauta que creativa. Más crítica que compasiva. Más cínica que entregada. Te doy gracias por las maneras en que, con ternura, sales a mi encuentro en mi quebranto y dolor. Y gracias por recordarme que todavía tengo luz y belleza para ofrecerle a este mundo. Hoy elijo tomar el pincel. Sin intentar la perfección. Sin pedir disculpas o formular estrategias. Siendo yo misma. Iluminando este mundo con mi color. Mostrándome con tu compasión y gracia.

En el nombre de Jesús. Amén.

Capítulo 6

UN POQUITO LARGO Y DEMASIADO DURO

Creo que es importante aclarar, a esta altura del libro, que no sé cuándo ni cómo mi situación se va a recuperar.

A veces tienes que dejar que la gente que amas siga su camino por una acera y tú, seguir el tuyo en la acera de enfrente.

Nuestros terapeutas son sabios y los escuchamos con atención. Ellos saben cómo hacer esto. Nosotras no. Así que, en este tramo del recorrido, Art no vive conmigo. No hay ningún rincón de mi alma al que le guste o quiera esto. Pero es la realidad.

Muchas noches vuelvo a un hogar muy silencioso. Nuestros hijos son grandes y me visitan seguido. Pero, luego, cuando las reuniones familiares se terminan, todos se van. Incluyendo Art. No puedo describirles el dolor que siento al verlo salir por la puerta y subirse al auto. Nuestra casa solía ser un constante alboroto y siempre estaba llena de actividad, pero ahora es como una ciudad que ha sido evacuada. Los fuertes ventarrones de la tormenta han cesado, pero las consecuencias hacen que sea imposible volver a algo que se sienta normal. Por breves momentos volvemos a la normalidad, pero hay mucho escombro emocional del que debemos ocuparnos. Poco a poco hacemos pequeños progresos, del tipo "dos pasos para adelante y uno para atrás". Pero cuando se apagan las luces, me quedo sola.

Un silencio que me sacude el alma y la desilusión sobre mi situación actual son la realidad que me acompaña a la cama cada noche. Y continúa conmigo por la madrugada, cuando me levanto debido a otra pesadilla. Y es la realidad que sigue ahí cada vez que abro mis ojos a la mañana siguiente. Y la siguiente. Y la siguiente.

No cuento esto para invitarlas a ninguna clase de "festín de la pena", lo hago para decir que entiendo lo difícil que es cuando las decepciones profundas perduran en el tiempo. Seguramente, tú también tienes momentos en medio de la noche en los que debes batallar con tus propias lágrimas.

La fulminante desilusión de un test de embarazo negativo mes tras mes, mientras tus amigas más cercanas están decorando los cuartos de sus bebés a punto de nacer.

El vacío en tu corazón porque esa persona que amas no busca realmente comprenderte, pocas veces te anima a seguir adelante y no parece estar interesado en conectar contigo en la intimidad.

La agotadora frustración de nunca ser la elegida para el trabajo o ministerio que has soñado por un largo, largo tiempo.

El miedo insoportable de ver a tus hijos tomar malas decisiones sin importar cuánto ores por ellos.

La angustia de esa amistad que se desmoronó a pesar de tus mejores intentos por mantenerla a flote.

Los dolorosos síntomas de una enfermedad crónica que te deja sintiéndote débil, frustrada e incomprendida.

El peso de vivir con tantas deudas en lo económico, que no te permiten disfrutar de tu vida o de la gente que te rodea.

Y en tus momentos de mayor privacidad, quieres gritar palabras que no usarías cerca de tus amigas de la iglesia acerca de la injusticia de todo esto.

Tú también tienes recuerdos que aún te duelen. Realidades que te hacen tragar las lágrimas. Un corazón que bombea tristeza por tus venas. Sufrimientos que parecen nunca acabar. Y estás frustrada de no estar viviendo hoy las promesas de Dios que tanto has rogado que se cumplan. Estás cansada de que esta desilusión se esté tornando un poquito larga y demasiado difícil.

Cuando las cosas se ponen complicadas por un tiempo prolongado, cada día sientes un poco más como si caminaras por la cuerda floja y menos por un sendero seguro y sólido hacia el futuro.

Estoy, ahora, haciendo equilibrio sobre esa cuerda. Ya no estoy en los primeros metros donde el suelo recién comienza a separarse de mí. Ni tampoco estoy del otro lado, ya casi llegando a tierra firme, donde todos exhalan, cansados pero aliviados. No, estoy justo en el medio, en el que, probablemente, sea el lugar más aterrador de todos.

Seguir adelante o regresar son opciones igualmente escalofriantes.

Mis pies se tambalean. Mis tobillos se retuercen como si fuesen a girar y luego seguro me caeré de esta cuerda en la que me encuentro.

Las lágrimas recorren mis mejillas mientras intento encontrar el equilibrio. "Dios, siento que me muero. ¿Te importa? ¿Estás allí? ¿Cómo rayos puedo conciliar el hecho de que dices que me amas, pero luego me dejas aquí, en el medio de la cuerda?".

De seguro, mis gritos de auxilio darán lugar a que Dios mejore la situación un poco. Pero luego, de la nada, comienzan a atacarme unos dardos en llamas, perforando mi alma que ya venía sangrando. Además de mi situación matrimonial devastadora, me llega la noticia de que hay un serio problema de moho bajo la casa. Y luego la alcaldía nos informa que van a ampliar la calle del frente, por lo que necesitan que cambiemos nuestra entrada para autos para ellos poder poner un carril de giro. Pregúntame si ellos pagarán estos arreglos. No. Luego, mis hijos, ya adultos, parecen turnarse para tener sus propias crisis. Y finalmente, recibo una llamada de mi doctor diciendo que algo apareció en mi última mamografía y no parece ser bueno. Van a necesitar hacerme más estudios. Una sola de estas cosas en un año, de por sí, ya sería bastante. Pero que sucedan constantemente, día tras día, es un poco cruel.

Hoy llegué a casa y me senté en mi cama. Ese lugar tranquilo en el que me siento más segura y más aterrada a la vez. Sentí que era demasiado.

Todo era demasiado difícil.

En estos días, no estoy segura de si estoy caminando en una cuerda floja tratando de llegar al otro lado o, simplemente, caminando sobre el trampolín de la muerte, directo hacia el abismo.

De veras. No estoy siendo dramática.

Ni tú tampoco lo estás siendo. Si te identificas con algo de todo esto, entonces lo entiendes.

El sol se está escondiendo. La noche está en camino. La cuerda se balancea, la esperanza se desvanece y la gravedad anuncia que me voy a caer...

Haré una pregunta que juré nunca hacer, pero no me la puedo guardar más: "¿Por qué a mí?".

A veces, todos los hogares que me rodean parecen estar estallando en risa, amor y una normalidad que ahora siento tan lejana. Me alegro por ellos. Yo solía ser como ellos. Pero es tan duro ver el crudo contraste entre sus vidas y la mía. Todas tenemos áreas en nuestra vida que parecen no cumplir con las expectativas. Pensábamos que un específico aspecto de nuestra vida algún día nos traería gozo. Después de todo, le sucede a los demás. Pero no a nosotras. Esa misma cosa que pensamos que nos encendería de gozo, terminó encendiéndonos en fuego y consumiéndonos.

Y lo que lo hace tan exasperante es que, ¡no debería ser así! A menudo, las realidades más decepcionantes vienen de las expectativas más realistas. Un anhelo insatisfecho, causado por una expectativa realista, produce un dolor mordaz en el corazón de una persona. Sabes que todo este asunto debería haber sido —y podría haber sido— diferente. Pero tomaron sus propias decisiones. Sus deseos, su quebranto, su egoísmo y su falta de conciencia dejaron tus necesidades a un costado. Lo que para ti se sentía tan realista, se encontró con una resistencia y, en definitiva, el rechazo de alguien que pensabas que nunca iba a herirte.

No soy fanática del eslogan por excelencia de aquellos que participan en el festín de la pena: "¿Por qué a mí?". Pero en estos casos, es más que entendible.

En un momento, quiero escupir y pisotear, y golpear mi puño contra la mesa del comedor en la que no hay cena, no hay gente alrededor, ya no hay normalidad. Al minuto siguiente, quiero poner música de adoración a todo volumen y sacar un bastidor nuevo para ponerme a pintar. Leo una carta de una amiga en la que la tinta está corrida por las lágrimas de su propia lucha. Por un rato, me hace sentir que no estoy tan sola. Pero afuera, igual está anocheciendo. La oscuridad envuelve mi casa silenciosa. Y mi esposo no estará allí para poner mis pies fríos debajo de sus piernas cuando vaya a la cama o para decirme: "No estás sola. Al menos nos tenemos el uno al otro. Superaremos esto juntos". No importa cuánto mi corazón necesite oír esas palabras ahora..., esa necesidad no será suplida esta noche. Quizás algún día lo sea, pero no hoy.

Y eso es ser un simple humano, herido, pero con la esperanza firme.

Que tenga esperanza no quiere decir que me presto para el sufrimiento. Ni que ignoro la realidad, no. Tener esperanza significa que reconozco la realidad, al mismo tiempo que reconozco la soberanía de Dios.

Y aprendí un dato más, que es muy importante, mi esperanza no está atada a que mis expectativas sean cumplidas a mi manera y en mis tiempos. No. Tampoco está amarrada a que una persona o una situación cambien. Mi esperanza está ligada a la promesa inalterable de Dios. Está puesta en el bien que sé que Dios me traerá a su tiempo, coincida o no con mis propios deseos.

Y a veces, eso lleva su tiempo. Recuerda lo que hablamos hace unos capítulos. Dios nos ama demasiado como para contestar nuestras oraciones de cualquier manera que no sea la correcta. Y nos ama demasiado como para contestar nuestras oraciones en cualquier otro tiempo que no sea el correcto.

Es muy probable que este proceso requiera ser perseverante, paciente. Quizás hasta longánima.

Longanimidad. No es una palabra que quiero que sea parte de mi vida. Pero, a medida que mis amigas oran por mí, esta palabra continúa apareciendo. La longanimidad significa tener o demostrar paciencia a pesar de las dificultades, especialmente aquellas causadas por terceros.

¡Hola, Dios! ¿Puedo hacer algunas sugerencias sobre personas verdaderamente santas que manejarían la longanimidad mucho mejor que yo? Recuerda, soy la chica que está completamente atemorizada por todo este asunto. Quiero que estas desilusiones desoladoras se terminen hoy mismo. No quiero que este sufrimiento dure tanto. Ya van casi tres años. Y estoy tan cansada.

Oro —no, en realidad ruego— que la situación se arregle pronto. Y quizás lo haga para cuando este libro entre a imprenta. Pero quizás no.

Y es por eso que me veo obligada a escribir este capítulo desde un lugar muy incierto y caótico. Sé que debo transitar por el proceso de Dios antes de ver su promesa cumplida. Creo que ya lo mencioné en un capítulo anterior, pero vale la pena repetirlo porque mi mente lo olvida.

Mi esperanza está ligada a la promesa inalterable de Dios.

Y quizás tú debas recordarlo también. Más allá de si tu longanimidad es por algo grande o pequeño, recuerda que el dolor es el dolor. Todo es relativo en el ámbito de tu propia vida. Y las promesas de Dios no son solo para ciertas personas en cierto grado de bajón. Su esperanza se extiende a todos y cada uno, llena los hoyos más pequeños y los baches más grandes. Cariño, acércate una silla y toma el diario íntimo en el que volcaste todas tus penas, y yo haré lo mismo. Mis decepciones esperan por una promesa cumplida y seguro que las tuyas también.

Tú necesitas que te cuiden como a un vaso frágil y yo también. Nos necesitamos la una a la otra. Debemos recordarnos mutuamente que, con el tiempo, llegaremos a estar mejor.

No es fácil recordar cómo se siente el suelo firme cuando estás tambaleándote a mitad de camino en la cuerda.

En este momento estoy desesperada por ver mi promesa cumplida. Quiero que, por arte de magia, Dios haga aparecer un puente junto a la cuerda. Así no tengo que caminar tan lento y pasar tanto miedo mientras me dirijo al otro lado de todo este asunto.

Quiero la bendición que Dios promete en Salmos 40:4: "Bienaventurado el hombre que puso en Jehová su confianza". Siempre olvido que esta confianza en Dios es a menudo forjada en el desafío de la longanimidad. Dios no desea acosarme. Él está buscando que viva sus promesas en carne propia.

Es un gran honor. Pero no siempre lo siento así.

Debo descender a las partes más bajas de este proceso, hasta estar perfectamente preparada para vivir la promesa.

Podemos leer acerca de esto en los versículos 1-3 del Salmo 40:

Sé que debo
transitar el proceso
de Dios antes de
ver cumplida su

promesa.

Yo puse mi esperanza en el Señor,
y él inclinó su oído y escuchó mi clamor;
me sacó del hoyo de la desesperación,
me rescató del cieno pantanoso,
y plantó mis pies sobre una roca;
¡me hizo caminar con paso firme!
Puso en mis labios un nuevo canto,
un canto de alabanza a nuestro Dios.
Muchos vieron esto y temieron,
y pusieron su esperanza en el Señor.

Anhelo esa peña sobre la cual pararme. Pero, primero, debo esperar con paciencia a que el Señor me saque del pozo de la desesperación y del lodo cenagoso, y plante mis pies en ella. Esa palabra, "plantar", en hebreo es *qum,* que significa levantarse o tomar posición. Dios debe llevarme por el proceso de liberarme de lo que me tiene cautiva antes de poder tomar posición.

También quiero ese nuevo cántico que promete el versículo. ¿Has notado, sin embargo, lo que viene antes de la promesa de un nuevo cántico? Son los numerosos gritos de auxilio al Señor. Los cánticos de adoración más poderosos no comienzan como dulces melodías, sino que comienzan como un clamor gutural. Pero pronto, el proceso del dolor se convierte en la promesa de un cántico inigualable.

Sigue avanzando por la cuerda floja, Lysa. Un pie delante del otro. Para a recuperar el aliento cuando sea necesario, pero no te detengas. No hoy. Ni tampoco mañana. Jesús está aquí y no te dejará caer.

No te pierdas esto que quiero decir. Hablamos ya acerca del proceso mientras llegamos hasta la promesa. Pero no debemos olvidar su presencia en medio del proceso.

La promesa es una esperanza gloriosa de lo que aguardamos para el futuro. Pero es su presencia en el proceso lo que nos mantendrá con esperanza aquí y ahora.

Trago saliva. Me pongo unas gotas de colirio en los ojos enrojecidos. Respiro profundo. Sé que Él ha puesto gente y recursos a mi alrededor con la intención de asegurarme que no estoy sola en este pasaje por la cuerda floja.

Así que, miro alrededor buscando evidencias de su presencia. Encuentro la primera. Es un pequeño cuadernillo azul y blanco.

Irónicamente, en este momento mi ministerio está abocado a realizar un estudio sobre el libro de Job. La guía diaria de estudio que imprimimos para los participantes está justo aquí conmigo. Se llama "Sufrimiento y soberanía". Y sé que esto no es ironía: Dios lo tenía planeado en detalle.

Yo me siento igual que Job.

El Señor estaba con él. Pero todo su entorno prácticamente le rogaba que se apartara de Dios. Y esta es la que yo pienso que debe haber sido la parte más difícil de ser Job: no tener ninguna certeza sobre el desenlace. Leemos el libro de Job sabiendo de antemano de la restauración que llega al final. Esto nos hace no sentir la verdadera intensidad del dolor que Job estaba pasando.

Y mientras que en mi mente sé que Dios, de alguna manera, en algún momento, va a dar vuelta a todo esto en mi vida y será para bien, al mismo tiempo, hay ratos en los que mi corazón no está tan seguro. La intensidad del dolor me hace propensa a la duda.

¡Dios, dame algo de alivio de mi propia incredulidad!

Paso las hojas rápidamente hasta llegar a la parte del libro azul y blanco que revela el final de la historia de Job. Y abro mi Biblia en todos los versículos que están citados allí. Tomo prestado su final feliz. Lo incrusto en mi corazón. Declaro estas palabras de esperanza para mí misma una y otra vez:

> Y quitó Jehová la aflicción de Job, cuando él hubo orado por sus amigos [los mismos que lo habían acusado injustamente, que habían mentido acerca de Dios y habían añadido tantas heridas por sobre el dolor que Job ya sentía]; y aumentó al doble todas las cosas que habían sido de Job. (Job 42:10)

> Y bendijo Jehová el postrer estado de Job más que el primero. (Job 42:12)

> Después de esto vivió Job ciento cuarenta años, y vio a sus hijos, y a los hijos de sus hijos, hasta la cuarta generación. (Job 42:16)

Dios puso aquí la historia de Job como una ayuda para guiarme en el proceso de mi historia. Y Dios puso ese libro azul y blanco aquí hoy, alentándome a que vea la historia de Job como una evidencia de su presencia en mi proceso. Lo sé.

Si yo fuese tú, ahora estaría pensando: "Okey, no estoy viendo ningún libro azul y blanco por aquí, ¿cómo sé que Dios está aquí para mí en forma personal?". Bueno, oro para que mi libro, el que tienes ahora mismo en tus manos, sea una de esas señales. Dios se aseguró de que este mensaje te llegara en medio de aquello que estás enfrentando en este momento.

Pero hay más evidencias de su presencia a nuestro alrededor. Te lo aseguro.

A menudo, Dios se encuentra en lugares que pasamos por alto. No tenemos que buscarlo. Él no está lejos.

Tan solo tenemos que elegir verlo y atribuirle a Él todas las cosas buenas que podemos ver. De veras creo que lo que nos mantiene en el camino de la longanimidad, en vez de hundirnos en nuestra pena, es despertarnos con la expectativa de estos pequeños recordatorios de la bondad de Dios. Unos días después vuelvo a mirar a mi alrededor. En la oscuridad de mi cuarto vacío, muevo una pila de papeles y algunos libros que aún no alcancé a leer. Debajo, encuentro un pequeño estuche blanco. Es absurdo que este estuche se encuentre aquí. No tengo idea de cómo se metió debajo de esta pila. Siempre lo guardo con mis alhajas. Es la pieza más valiosa que tengo, así que nunca la descuido. Yo nunca podría haberla puesto allí.

Pero ahí estaba.

Hola, Dios.

Adentro del estuche hay una medalla dorada y violeta. No he pensado en ella por un tiempo. Pero, en este momento, siento que si no la saco y la aprieto fuerte con mi mano, no podré mantenerme parada. Las situaciones difíciles me están abofeteando nuevamente. Así que, encontrar este regalo justo hoy, en este preciso momento, es perfecto.

Exhalo y veo que Dios está aquí. Otra vez.

Recuerdo cuando me dieron esta medalla.

Es un préstamo de mi terapeuta. Un corazón violeta. El gran honor que el gobierno le había dado a su familia cuando su cuñado fue asesinado en la línea de batalla tratando de salvar a otros.

Este terapeuta había estado trabajando con mi esposo y conmigo, duro y parejo por casi un año. Hemos pasado más de setenta y cinco horas en su oficina. Volamos hasta Colorado en cinco ocasiones para tratamientos intensivos de una semana. Todo bajo la premisa de que estábamos en la misma página y avanzando juntos. Toda la destrucción sería reparada y restaurada, y la vida volvería a la normalidad.

Pero en una de nuestras últimas sesiones, creo que mi terapeuta notaba que algo no andaba bien. Creo que él sintió que íbamos a dejar su oficina y entrar en una de las fases más extremas de esta batalla. Descolgó el marco hecho a medida de la pared de su oficina y quitó el reverso para abrirlo. Sacó esta medalla invaluable. Se arrodilló frente a nosotros y la colocó en mi mano.

"Sujeta esto, Lysa, por todo el tiempo que necesites. Cuando la batalla se vuelva tan despiadada que te preguntes si vas a sobrevivir, recuerda este momento en el que yo te estoy diciendo que vas a vencer esto. Si Dios repartiera corazones violetas, sin duda alguna, tú recibirías este gran honor. Lo que estás pasando no será en vano. Tu sufrimiento no será malgastado. Será para la salvación de muchas vidas".

Bajé la vista y miré ese regalo invaluable en total silencio. El momento se había llevado todas mis palabras y no tenía cómo responderle más que con lágrimas. Balbuceé la palabra "gracias". Me sentí muy valiente ese día.

A menos de un mes de volver a casa de esa consulta, mi corazón volvía a estar devastado.

No podía respirar. La medalla era el único objeto físico al que sentía que podía aferrarme cuando cada pedacito de mi vida volaba por los aires como escombros hechos añicos. Yo creía que estábamos por acabar con esa etapa espantosa y entonces, me di cuenta de que ni siquiera habíamos empezado a sanar. Lo que pensé que era un milagro en curso, en realidad era una trampa para agarrarme desprevenida y herirme de nuevo profundamente.

Los muchos años de esta clase de heridas han pasado factura. Los recuerdos perduran. Perforan lugares delicados dentro de ti.

Y hoy, en este día, encuentro la medalla otra vez. El corazón violeta no puede sanarme, pero te aseguro que me da un sentimiento de estabilidad. Así, aun cojeando, puedo dar un paso más sobre la cuerda. Solo un paso es lo que necesito dar

> El proceso no es un modo cruel
> de apartarte de la promesa: es la
> preparación exacta que necesitarás
> para poder manejarla.

hoy. Y puedo dar ese paso porque su presencia está conmigo en este proceso.

Y no solo su presencia me acompaña durante el proceso, sino que además hay un propósito en todo esto. La longanimidad es larga porque no la puedes atravesar trotando. Es un paso. Y luego otro, que quizás sea más tambaleante que el anterior. Llegar a aquella roca firme del Salmo 40 puede requerir una caminata considerable por el sendero. A veces, Dios nos levanta en un instante, y otras, quiere unírsenos en lo que será una larga travesía. Un proceso a través del cual nos haremos un poco más fuertes, más valientes y con más capacidad pulmonar para lo que Él sabe que necesitaremos cuando lleguemos a la cima de la roca. Hay un propósito en el proceso y lleva el nombre de *preparación*.

Si Dios pensara que hoy podemos manejar la promesa, nos levantaría hoy mismo. Pero si no estamos paradas sobre esa roca firme hoy, cantando un cántico nuevo, es porque nos ama demasiado para llevarnos allí ahora mismo. Este proceso no es un modo cruel de apartarte de la promesa: es la preparación exacta que necesitarás para poder manejarla.

Muchos versículos de la Biblia hablan de este proceso que produce aquello que necesitaremos cuando alcancemos la promesa. Estos son algunos de mis favoritos:

> … pero el Dios de toda gracia, que en Cristo nos llamó a su gloria eterna, los perfeccionará, afirmará, fortalecerá y establecerá después de un breve sufrimiento. (1 Pedro 5:10)

Por eso nosotros, desde el día que lo supimos, no cesamos de orar por ustedes y de pedir que Dios los llene del conocimiento de su voluntad en toda sabiduría e inteligencia espiritual, para que vivan como es digno del Señor, es decir, siempre haciendo todo lo que a él le agrada, produciendo los frutos de toda buena obra, y creciendo en el conocimiento de Dios; todo esto, fortalecidos con todo poder, conforme al dominio de su gloria, para que puedan soportarlo todo con mucha paciencia. (Colosenses 1:9-11)

… pero él me ha dicho: "Con mi gracia tienes más que suficiente, porque mi poder se perfecciona en la debilidad". Por eso, con mucho gusto habré de jactarme en mis debilidades, para que el poder de Cristo repose en mí. Por eso, por amor a Cristo me gozo en las debilidades, en las afrentas, en las necesidades, en las persecuciones y en las angustias; porque mi debilidad es mi fuerza. (2 Corintios 12:9-10)

Hermanos míos, considérense muy dichosos cuando estén pasando por diversas pruebas. Bien saben que, cuando su fe es puesta a prueba, produce paciencia. Pero procuren que la paciencia complete su obra, para que sean perfectos y cabales, sin que les falta nada. (Santiago 1:2-4)

Me encanta que en estos versículos alcanzamos a ver que el sufrimiento va a cesar en algún momento. Él nos va a restaurar. Hay una razón para todo esto. Él nos va a fortalecer. Nos va a hacer fuertes en medio de nuestro cansancio. Y, a través del proceso, Él nos está perfeccionando.

Cuando pensamos que el proceso de la longanimidad ya es insoportable, debemos recordar que sería letal que Dios nos pusiera en la roca ahora mismo. Antes de estar fuertes, firmes e impasibles. Y sería cruel de su parte exigir que cantemos cuando todavía no tenemos un cántico.

Hay un propósito para este proceso. Sí, es verdad que va a ser tan engorroso, tan empantanado, tan lleno de barro y de clamor que no vas a poder evitar preguntarte si tus gritos están siendo oídos o no.

La respuesta es que sí, están siendo oídos. Como dije antes, Dios no está lejos. Solo que está mucho más interesado en tu preparación que en tu comodidad. Dios tomará cada uno de los gritos que salieron de tu boca y transformará esos sonidos en un cántico glorioso. Y añadirá ese cántico a su sinfonía de misericordia.

Tendrás un solo musical, en el cual esas notas que nacieron de las lágrimas ayudarán a aliviar el dolor de otra persona. Los que te rodean te verán parada en una roca firme y oirán los ecos de las cosas buenas que salen de tus entrañas. El enemigo va a temblar y a estremecerse y a encogerse de miedo. Está aterrado de esa chica. Está aterrado de *ti*.

Estás anclada a la esperanza de Dios, que tan pocos encuentran en la vida. Tú, querida alma longánima, eres una Job de esta época. Una que va a ser criticada y malinterpretada. El enemigo tratará de hacerte tropezar y dejarte hecha pedazos con los punzantes susurros que te aseguran la inutilidad de todo este sufrimiento. No te atrevas a escucharlo.

Ahora mismo estoy sosteniendo un corazón violeta que me dice otra cosa. Y no solo es para mí. Es para ti también. Lo supe en el mismo instante en que el terapeuta lo puso en mi mano. También debería estar sujetado a tu pecho con un alfiler. Y si estuvieses aquí conmigo en mi silenciosa casa de hoy, eso es lo que yo haría exactamente.

Cierra tus ojos y respira. Eres valiente y hermosa, y cuidadosamente escogida. Una soldado condecorada en esta batalla horrible con un final glorioso.

Oh, mi amiga longánima, resiste. Sigue caminando por tu cuerda floja y yo seguiré caminando en la mía. Sigue buscando su presencia en tu proceso y yo haré lo mismo. Juntas llegaremos al otro lado. Y si terminas primero tu camino de longanimidad, ven a alentarme a mí. Hoy todavía soy una chica parada en el medio de la cuerda. ¡Pero una chica que está un paso más cerca de una muy buena promesa!

Puede que mis pies sigan fríos cuando vaya a dormir esta noche, pero mi corazón longánimo definitivamente no lo estará.

Vamos a la fuente

TENER ESPERANZA SIGNIFICA QUE RECONOZCO LA realidad, al mismo tiempo que reconozco la soberanía de Dios.

RECUERDA

- Cuando las cosas se ponen complicadas por un tiempo prolongado, cada día sientes un poco más como si caminaras por la cuerda floja y menos por un sendero seguro y sólido hacia el futuro.
- Mi esperanza está ligada a la promesa inalterable de Dios.
- Sé que debo transitar por el proceso de Dios antes de ver su promesa cumplida.
- Dios no desea acosarme. Él está buscando que viva sus promesas en carne propia.
- Debo descender a las partes más bajas de este proceso, hasta estar perfectamente preparada para vivir la promesa.
- No solo su presencia me acompaña durante el proceso, sino que además hay un propósito en todo esto.

RECUERDA

- El proceso no es un modo cruel de apartarte de la promesa: es la preparación exacta que necesitarás para poder manejarla.
- Dios está mucho más interesado en tu preparación que en tu comodidad.

RECIBE

... pero el Dios de toda gracia, que en Cristo nos llamó a su gloria eterna, los perfeccionará, afirmará, fortalecerá y establecerá después de un breve sufrimiento.

(1 Pedro 5:10)

También puedes leer:

Job 42

Salmos 40:1-4

2 Corintios 12:9-10

Colosenses 1:9-11

Santiago 1:2-4

REFLEXIONA

- Vuelve a pensar en lo que hablamos sobre considerar la presencia, el proceso, el propósito, la preparación y la promesa de Dios. ¿Cómo te ayuda esto con tus propias decepciones?
- Observa la lista de versículos que hablan del proceso. ¿Cuál resuena más fuerte en tu interior?
- ¿Qué promesas de Dios estás desesperada por ver cumplidas ahora mismo?

Padre:

Confieso que hay días en que me siento como si me hubieses olvidado y, quizás, hasta abandonado, porque esta batalla se ha prolongado tanto. Confieso que hay momentos en los que me canso de tener esperanza. La espera me agota y solo me pregunto cuánto tiempo más seguirá todo así. Gracias por recordarme que hay un propósito en este proceso y que no estoy caminando todo esto sola. Tú eres mi fuerza. Tú eres mi esperanza. Tú eres mi canción. Ayúdame a poner mis ojos de nuevo en tus promesas. Y recuérdame aferrar mi esperanza a ti y solo a ti.

En el nombre de Jesús. Amén.

Capítulo 7

CUANDO DIOS TE DA MÁS DE LO QUE PUEDES MANEJAR

Cada sílaba del capítulo anterior es real. Me sentí entusiasmada y lista para continuar, para aceptar las adversidades y ser una de esas pocas almas que persevera de verdad.

Y luego pasó la vida.

Todas las cosas normales de la vida y más también.

Todavía ni se había secado la tinta del capítulo anterior cuando, en vez de necesitar otra mamografía, necesité una biopsia.

Todos, incluso mi doctor, me aseguraban que no había de qué preocuparse. No tenía un historial familiar de cáncer de mamas. Mi madre había pasado por un segundo examen y una biopsia, pero al final todo había resultado bien. Yo soy joven y sana. Además, ya había tenido una crisis médica inesperada con el colon el año pasado. Seguramente esa situación, junto con todo lo otro que había pasado, ya era suficiente.

Todo estaba a mi favor.

Sin embargo, cuando Art y yo escuchamos el tono serio del doctor, supimos que algo no estaba bien.

"Lysa, tienes cáncer. Te dirán más cuando vayas hoy a tu cita. Quería adelantarme y decirte que he leído el reporte patológico. Lo siento mucho".

Desearía poder describir exactamente lo que sucedió en ese momento. Todo a mi alrededor se detuvo de forma increíble y parecía moverse en cámara lenta. Podía escuchar que el doctor seguía hablando, pero no entendía sus palabras. Vi a Art con sus ojos llenos de lágrimas. Podía sentir cómo las palabras intentaban formarse en mi boca, pero no tenía energía para hablar. Sabía que debería estar llorando, pero parecía que no había lágrimas disponibles. ¿Será que ya las había usado todas?

Acababa de terminar el capítulo anterior y creía, con todo mi corazón, que había una promesa y un proceso. Que la presencia de Dios estaba en medio de mi vida. Pero, en ese momento, percibía que Él estaba distante y misterioso. Me sentí aturdida. Luego se me pasaba, pero después volvía a aturdirme.

Mis sentimientos no lograban acomodarse. Quería estar tranquila y, un instante después, ya no quería tranquilidad. Quería mantenerme entera, pero luego, me parecía lógico querer desmoronarme.

Me mantuve tranquila.

Alcancé la mano de Art y la apreté.

En ese momento, las palabras no eran necesarias. No ayudarían en nada. Condujimos al lugar donde nos envió el doctor casi en completo silencio.

Entramos y nos guiaron a una habitación con cajas de pañuelos y libros escritos por sobrevivientes de cáncer. Había una pila de folletos sobre cómo enfrentar un diagnóstico así. La luz era cálida, la habitación era fría y las sillas eran de color rosa.

Me pregunté si esta sería algún tipo de broma de mal gusto y en algún momento el médico nos pediría perdón y nos enviaría a casa.

Me preguntaba por la mujer que se había sentado en esa silla rosa justo antes que yo, y por la que se sentaría en esa misma silla después. ¿A dónde irían luego de recibir la noticia? ¿Acaso, solo te subes a tu auto y vuelves al trabajo? ¿Vas a tomar un café con una amiga? ¿Corres a tu casa, te acuestas y pones tu cabeza debajo de la frazada?

¿A quién llamas? ¿Cómo se lo dices?

No hay una forma fácil de conectar la palabra "cáncer" a tu mundo sin hacer llorar a todos los que te aman.

Sigo pensando en eso que a todos les gusta decir en momentos como estos: "Dios no te dará más de lo que puedas manejar". Pero eso no está realmente en la Biblia.

Dios no espera que manejemos todo nosotras. Quiere que se lo entreguemos a Él.

Dios dice que no permitirá que seamos tentados más de lo que podamos resistir y que siempre nos dará una salida (1 Corintios 10:13). Pero eso no quiere decir que Dios no nos dará más de lo que podamos manejar.

A veces Él permitirá más, y más, y más.

Eso ya lo sabía. Ahora estaba sentada en una silla rosa, viviéndolo.

Mientras escribo estas palabras, sé que no soy la única que siente que le han dado más de lo que podía soportar. Veo todo el tiempo esa expresión de la gente con los ojos bien abiertos. Aflicción tras aflicción. Dolor tras dolor. Diagnóstico tras diagnóstico. Decepción tras decepción. El mundo está lleno de gente lidiando con más de lo que puede manejar. Y, sorpresivamente, la Biblia también está llena de personas a las que se les dio más de lo que podían manejar.

El apóstol Pablo escribió:

> Hermanos, no queremos que ustedes ignoren nada acerca de los sufrimientos que padecimos en Asia; porque fuimos abrumados de manera extraordinaria y más allá de nuestras fuerzas, de tal modo que hasta perdimos la esperanza de seguir con vida. Pero la sentencia de muerte que pendía sobre nosotros fue para que no confiáramos en nosotros mismos, sino en Dios que resucita a los muertos. (2 Corintios 1:8-9)

Dios no espera que manejemos todo nosotras. Quiere que se lo entreguemos a Él.

Él no quiere que reunamos nuestras propias fuerzas. Quiere que confiemos solamente en su fuerza. Si continuamos caminando, pensando que Dios no nos dará más de lo que podamos soportar, perderemos nuestra confianza en Dios. Sabemos que estamos enfrentando cosas que son demasiado para nosotras. Nos bombardean las cargas. Nos pesan las dudas. Y aquí estamos todas tratando de encontrarles un sentido a las cosas que no lo tienen. Para poder avanzar de una manera saludable, primero debemos reconocer la realidad de nuestra insuficiencia.

El cáncer es más de lo que puedo manejar... por mí misma.

Cerré mis ojos y, en silencio, le pedí a Dios que se sentara en la silla rosa vacía junto conmigo, Art y el doctor. Necesitaba que Él me mostrara su perspectiva para poder fijar la mía. Pero no fue enseguida y eso me trajo frustración. Estaba llena de miedo y preguntas como: "¿Por qué me pasa esto? ¿Por qué ahora? ¿Por qué a mí?".

Podía sentir que mis emociones comenzaban a desarmarse y mi decisión de confiar en Dios se esfumaba. Era demasiado. No quería seguir esforzándome tanto por confiar en Dios. Estaba cansada de intentar darle sentido a esta vida que no se suponía que fuera así.

Esa noche me acosté pensando seriamente en huir a Montana para esconderme de mi vida. Podría ser una mesera en alguna cafetería. Había trabajado de mesera a mis veinte años y me encantaba. En ese entonces, la vida era más simple; servir platos de tocino, huevos y tostadas sonaba muy atractivo. Pero el cáncer me seguiría. El dolor me seguiría. Incluso mi lucha de poder confiar en Dios o no, sin dudas me seguiría. Así me mudara a Montana o me enterrara en un agujero en algún lugar del planeta.

La historia que comencé a contarme a mí misma era que la vida ya nunca mejoraría. Mi mente comenzó a obsesionarse con todo lo que tenía que ver con este tiempo de sufrimiento, que era mi nueva vida normal. Me despertaba con sentimientos de pánico, caminaba con estos sentimientos y me acostaba con ellos. Sabía que mi pensamiento debía cambiar. No podía escapar de mi realidad. Debía enfrentarla, atravesarla. Tal vez, si cambiaba mis pensamientos, podría confiar en Dios en medio de ella.

Pensar en todo lo que no sabía no me conducía a nada. Por eso, comencé a enumerar las cosas que sí sabía.

Lo más importante que sabía era que Dios es bueno. No conocía los detalles del plan perfecto de Dios, pero podía hacer de su bondad el punto de partida para renovar mi mirada.

Déjame contarte la historia de todos los acontecimientos recientes utilizando la bondad de Dios como tema central. Si las cosas no hubiesen estallado entre Art y yo el verano pasado, nunca hubiese presionado el botón de pausa en la vida para ir a hacerme una mamografía. Hubiese esperado. Pero como tuve una mamografía en ese momento exacto, los doctores encontraron el cáncer que tenían que encontrar. Y como lo hicieron, tuve todas las oportunidades de luchar para combatirlo a tiempo.

Mira, todas estamos viviendo una historia, pero luego está la historia que nos contamos a nosotras mismas. Debemos asegurarnos de que estamos contándonos la correcta, y esta dice que Dios sí nos dará más de lo que podamos soportar, pero que Él siempre tiene algo bueno en mente.

Nosotras vemos más y más dolor innecesario. Dios ve las piezas y las partes exactas que debe colocar para protegernos, proveernos y prepararnos con más de su fortaleza obrando en nosotras. Eso no significa que nos tiene que gustar, pero saber esto, tal vez nos ayude a soportar ese tiempo.

Aprendí de estas "piezas y partes" necesarias cuando un par de muchachas vinieron a presentarse mientras estábamos en la fila para ordenar comida para llevar, en un restaurante cerca de mi casa. Pauline y Jessica habían leído mi libro *Sin invitación*. Conversamos un momento de lo que Dios les había enseñado y luego surgió el tema de lo que había estado escribiendo después. Les conté acerca de este libro y la revelación que Dios me había dado sobre el polvo. Los ojos de Jessica se iluminaron. Su mamá era alfarera profesional.

Mientras les contaba que, cuando ponemos nuestro polvo en las manos de Dios y Él lo mezcla con su agua de vida, la arcilla que se forma puede convertirse en algo nuevo, su sonrisa fue inmensa. Ella había visto la arcilla convertirse en tantas cosas hermosas en las manos de su madre. Luego, me dijo algo que me dejó boquiabierta.

Me contó que los alfareros sabios no solo saben cómo moldear cosas hermosas de la arcilla, sino que conocen la importancia de añadir un poco de polvo de piezas rotas de cerámica a la mezcla nueva. Este tipo de polvo es el "chamote". Para obtenerlo, las piezas viejas deben ser molidas hasta convertirse en polvo. Si el polvo queda demasiado fino, entonces no añadirá ninguna estructura a la arcilla nueva. Pero si queda muy grueso, lastimará las manos del alfarero.

Cuando está bien triturado, el polvo chamote que se agrega a la arcilla nueva permitirá que el alfarero la convierta en una vasija más grande y más fuerte que antes, además de poder exponerla a hornos más calientes. También, al barnizarlas, estas piezas terminan viéndose más bellas artísticamente que si se hubiesen hecho de otra manera.[4]

Jessica sonrió y dijo: "Eso será un gran mensaje, ¿cierto?".

Sin dudas, lo será. Me quedé pensando en lo que Jessica me había dicho y cómo se relacionaba con mi tiempo de sufrimiento. Tal vez, la arcilla compuesta por el otro polvo que estaba en mi vida podría ser fortalecida con esta nueva pieza rota que se le agregaba.

Y entonces leí Isaías 45:9: "¡Ay de aquel que discute con su Hacedor! ¡Un tiesto más entre los tiestos de la tierra! El barro no le pregunta al alfarero: '¿Qué es lo que haces?' ¿Acaso le señala: 'Tu obra no tiene manos'?'". Dios está haciendo algo hermoso con mi vida, lo sé. Entonces, ¿por qué cuestiono lo que Él ve como ingrediente necesario para hacerme más fuerte que nunca? De acuerdo, mi diagnóstico molió todo un poco más. Pero hasta esto puede ser usado para mi bien.

Seguí leyendo ese versículo de Isaías y decidí investigar un poco el término *tiesto*.

Un tiesto es una pieza de cerámica rota.

Curiosamente, también se menciona un tiesto en la historia de Job cuando él se vio afectado por una terrible enfermedad:

> Entonces salió Satanás de la presencia de Jehová, e hirió a Job con una sarna maligna desde la planta del pie hasta la coronilla de la cabeza. Y tomaba Job un tiesto para rascarse con él, y estaba sentado en medio de ceniza. Entonces le dijo su mujer: ¿Aún retienes tu integridad? Maldice a Dios, y muérete. Y él le dijo: Como suele hablar cualquiera de las mujeres fatuas, has hablado. ¿Qué? ¿Recibiremos de Dios el bien, y el mal no lo recibiremos? En todo esto no pecó Job con sus labios. (Job 2:7-10)

Un tiesto roto puede estar tirado en el suelo y ser solo un recuerdo constante de algo quebrantado. O puede utilizarse para continuar raspándonos y lastimándonos aún más cuando lo tenemos en nuestras manos.

Sin embargo, cuando está en manos de nuestro maestro, el Maestro Alfarero, le puedo confiar el tiesto, para que lo haga añicos y luego lo utilice para moldearme nuevamente y hacerme más fuerte, y hasta más hermosa.

Cuando entendí esto, pude ver que, en todas mis circunstancias, Dios me seguía moldeando mientras me añadía más fuerza y belleza en el proceso.

No quiero tener cáncer.

Ninguna parte de mi cerebro humano piensa que el cáncer es justo para nadie que recibe ese diagnóstico. Dios no fue quien causó este tiesto real en mi vida; es el resultado de vivir en este mundo quebrantado que está entre dos jardines.

Sin embargo, como sí tengo cáncer, no quiero que esta triste realidad sea solo un tiesto desperdiciado en el suelo o algo que sostengo en mi mano que me hiere más. Debo tomar todo esto y encomendarlo al Señor.

Toma esto, Señor, y hazlo añicos. Para que pueda ser más fuerte, más hermosa y pueda soportar el fuego como nunca antes. Creo que Tú ves cosas que yo no puedo ver y tienes algo bueno en mente.

Esta perspectiva no hizo desaparecer mi cáncer, pero sí quitó el sentimiento de que tenía que resolverlo por mí misma. Se llevó todo el peso que cargaba en mis manos y me ayudó a llevarlo a Dios.

Cuando llegamos a ese momento en nuestras vidas donde nos damos cuenta de que algunas cosas de verdad son más de lo que podemos manejar, alzamos nuestras manos en señal de rendición. Cuando nos rendimos, podemos hacerlo de varias maneras.

Podemos rendirnos al enemigo, entregándonos a esos sentimientos de que no es justo. Que Dios no existe, que Dios no es bueno... O podemos rendirnos a Dios. Esta rendición no es darse por vencido, ¡es entregarse! Entregar el peso de todo aquello que no podemos soportar a nuestro Dios. Quien no solo puede cargarlo, sino que, además, puede utilizarlo para nuestro bien. Si conocemos la verdad de las cosas asombrosas que Dios puede hacer con el polvo y los tiestos de la vida, no nos rendiremos ante las mentiras negativas del enemigo. En su lugar, levantaremos nuestras manos al Alfarero. Por eso, ahora que sabemos que necesitamos rendir a Dios el peso de esas piezas rotas de nuestra vida, ¿cómo lo hacemos? Dios es quien dice ser y hará lo dice que hará. Pero para unirnos a su obra transformadora en nuestras vidas, debemos buscarlo con todo nuestro corazón. Nosotras elegimos si permanecemos estancadas en nuestro dolor o renovadas en nuestro corazón.

Muchas veces se mencionan algunos versículos que nos enseñan esto. Antes de citarlos, quiero darles un poco el contexto. En el libro de Jeremías, vemos que Babilonia se iba a llevar a los hijos de Israel en cautiverio por setenta años. Piensa cuánto son setenta años. Si hoy tuviéramos que ir a prisión por setenta años, muchas de nosotras probablemente moriríamos en prisión. Setenta años parecen imposiblemente largos, increíblemente injustos y horriblemente duros. Es como toda una vida de dificultades sin un hilo de esperanza. Habla del sufrimiento constante, habla del sentimiento de que nada bueno puede salir de esto, habla de necesitar la perspectiva de Dios como nunca antes. Pero aquí está lo que Dios le dice al pueblo de Israel: "Cuando a Babilonia se le hayan cumplido los setenta años, yo los visitaré; y haré honor a mi promesa en favor de ustedes, y los haré volver a este lugar" (Jeremías 29:10, NVI).

Este es el escenario donde después obtendríamos esta promesa gloriosa a la que me gusta aferrarme:

Solo yo sé los planes que tengo para ustedes. Son planes para su bien, y no para su mal, para que tengan un futuro

Nosotras elegimos si permanecemos estancadas en nuestro dolor o renovadas en nuestro **corazón**.

lleno de esperanza. Entonces ustedes me pedirán en oración que los ayude, y yo atenderé sus peticiones. Cuando ustedes me busquen, me hallarán, si me buscan de todo corazón. Ustedes me hallarán, y yo haré que vuelvan de su exilio, pues los reuniré de todas las naciones y de todos los lugares adonde los arrojé. Yo haré que ustedes vuelvan al lugar de donde permití que se los llevaran. (Jeremías 29:11-14)

Cuando buscamos a Dios, lo vemos. No lo vemos de forma física, pero lo vemos obrando. Así podemos ver más como Él ve y nuestra confianza crece. Si nuestros corazones están dispuestos a confiar en Él, nos dará más y más de su perspectiva. Mateo 5:8 dice: "Bienaventurados los de limpio corazón, porque ellos verán a Dios". Si deseamos verlo en nuestras circunstancias y ver su perspectiva, debemos buscar a Dios, sus caminos y su palabra. Allí es donde encontramos sus planes perfectos y promesas de esperanza y de un futuro.

Si nos encontramos en un lugar decepcionante, un lugar en el que no queremos estar, en un tiempo de sufrimiento que no para o en uno que sabemos que no cambiará de este lado de la eternidad, es fácil sentir que algunos de los planes de Dios no se cumplen en nosotras.

Es fácil tener la mentalidad de que, de alguna manera, pasamos desapercibidas para los planes perfectos de Dios. Las cosas son definitivas. La tinta está muy seca. La página se pasó. El corazón de ellos está muy duro. Tu corazón está muy herido. Los doctores dijeron que es imposible. La cuenta está en bancarrota. El reloj biológico ya paró. Una dificultad le abre camino a otra y luego, a más dificultades. Pasan demasiados días en los que las oraciones no tienen respuestas.

Pero la verdad es que Dios está más cerca de lo que imaginamos. Él ve lo que nosotras no vemos y conoce sobre aquello que nosotras no conocemos. Él tiene una perspectiva desde su lugar que le permite ver todo: el pasado, el presente y el futuro. Desde el día en que fuimos concebidos hasta el día en que volvemos al polvo e incluso después de eso, en la eternidad.

> Escúchenme ustedes [...] que han sido llevados desde que estaban en el vientre, sustentados desde que estaban en la matriz: Yo mismo los seguiré llevando, hasta que estén viejos y canosos. Yo los hice, yo los llevaré. Yo los apoyaré y los protegeré. [...] yo soy Dios, y no hay otro. ¡Nada hay semejante a mí! Yo anuncio desde un principio lo que está por venir; yo doy a conocer por anticipado lo que aún no ha sucedido. Yo digo: "Mi consejo permanecerá, y todo lo que quiero hacer lo haré." Yo llamo desde el oriente, desde un país lejano al hombre que está en mis planes, y que es un ave de rapiña. Ya lo he dicho, y lo haré venir; ya lo he pensado, y así lo haré. (Isaías 46:3-4, 9-11)

Esto era real para los israelitas, y también lo es para nosotras.

Para ellos, la noticia de que serían cautivos por setenta años era absolutamente real, pero también era real que Dios tenía un plan perfecto y un propósito. No para mal, sino para darles un futuro y una esperanza. Esta promesa estuvo vigente todo el tiempo que estuvieron en cautiverio.

Así es como nosotras también podemos depositar el peso de nuestro sufrimiento en Dios, teniendo otra perspectiva de nuestras realidades actuales. La obra de redención que parece imposible, siempre es posible con Dios. En otras palabras, necesitamos recordar la diferencia entre noticia y verdad.

La noticia viene a nosotras para decirnos lo que estamos atravesando.

La noticia y la verdad no siempre son lo mismo.

La verdad viene de Dios y luego nos ayuda a procesar todo aquello que estamos pasando.

La noticia y la verdad no siempre son lo mismo.

Mi querida amiga Shaunti Feldhahn me recordó esto hace algunos años. Me envió un correo electrónico con motivo de la situación que estaba viviendo y decía: "Lysa, esta es una noticia, no es la verdad".

El doctor me dio una noticia, una noticia franca basada en los resultados de los análisis y en los datos médicos.

Pero yo tengo acceso a una verdad que trasciende las noticias. La restauración que es imposible para la limitación humana siempre es posible para un Dios ilimitado. La verdad es lo que pone a Dios en la ecuación.

Hoy en día, no veo la palabra *imposible* de la misma manera que antes.

Cuando la miro desde el punto de vista del mensaje de Shaunti, la palabra *imposible* puede ser muy diferente con algunos cambios. Si pongo un apóstrofo entre las primeras dos letras, en inglés se formaría *I'm-possible* —que significa "Yo soy posible"—. Dios es el gran "Yo soy". Por lo tanto, en Él mi esperanza y sanidad son posibles: en Él "Yo puedo".

Yo puedo es una manera mucho más reconfortante de mirar todo aquello que se siente como imposible, que parece demasiado para mí. En lugar de decir: "Dios no me dará más de lo que pueda soportar", tal vez pueda simplemente decir: "Dios tiene el control de todo aquello por lo que estoy atravesando".

Sospecho que muchas de nosotras tenemos cosas en nuestras vidas que parecen imposibles. Tal vez acabas de recibir noticias de problemas en tu economía, en tu trabajo, con tus hijos, con tus amigos, en tu salud.

Mi oración es que el consejo de Shaunti también te ayude a enfrentar cualquier noticia que hayas recibido o que vayas a recibir.

Esa es la noticia.

Pero *esta* es la verdad de Dios:

YO SOY EL CAMINO, LA VERDAD Y LA VIDA.

"Yo soy el camino, y la verdad, y la vida; nadie viene al Padre, sino por mí".

(Juan 14:6)

YO SOY FIEL POR SIEMPRE.

El Señor creó los cielos y la tierra,
y el mar y todos los seres que contiene.
El Señor siempre cumple su palabra.

(Salmos 146:6)

YO ESTOY CONTIGO.

"No temas, porque yo estoy contigo; no desmayes, porque yo soy tu Dios que te esfuerzo; siempre te ayudaré, siempre te sustentaré con la diestra de mi justicia".

(Isaías 41:10)

YO TE SOSTENGO.

Con todo, yo siempre estuve contigo;
Me tomaste de la mano derecha.

(Salmos 73:23)

YO SOY TU REFUGIO.

Tú eres mi refugio; me guardarás de la angustia;
Con cánticos de liberación me rodearás.

(Salmos 32:7)

Uno de mis grandes consuelos en todo esto fue saber que, de alguna manera, Dios utiliza todo para bien y que, lo que a veces puede sentirse imposible, en Él lo creeré posible.

Por supuesto, todavía tengo esos momentos de inseguridad espiritual en los que las piezas rotas parecen apilarse muy alto. Siento que voy a enloquecer. Y lloro, y hago un pequeño berrinche.

¡Qué agradecida estoy por el gran YO SOY! Aquel que me guiará en la verdad y me enseñará. Aquel en quien espero todo el día (Salmos 25:5). Sí, Él puede manejar todo aquello que yo no puedo, por eso le doy mis partes rotas para que Él las haga hermosas.

Vamos a la fuente

DIOS NO ESPERA QUE MANEJEMOS TODO NOSO-
tras. Quiere que se lo entreguemos a Él.

RECUERDA

- Dios no quiere que reunamos nuestras propias fuerzas. Quiere que confiemos solamente
  en su fuerza.
- Si continuamos pensando que Dios no nos
  dará más de lo que podamos soportar, perderemos nuestra confianza en Dios.
- Dios está haciendo algo hermoso con mi vida.
- Rendirse a Dios no es darse por vencida, ¡es
  entregarse! Entregarle el peso de todo aquello
  que no podemos manejar a nuestro Dios.
- Nosotras elegimos si permanecemos estancadas en nuestro dolor o renovadas en nuestro
  corazón.
- Dios no está alejado y distante, está más cerca
  de lo que pensamos.
- Lo que me sucede, ¿es noticia o verdad?
- La restauración que es imposible para la limitación humana siempre es posible para un
  Dios ilimitado.

RECIBE

Hermanos, no queremos que ustedes ignoren nada acerca de los sufrimientos que padecimos en Asia; porque fuimos abrumados de manera extraordinaria y más allá de nuestras fuerzas, de tal modo que hasta perdimos la esperanza de seguir con vida. Pero la sentencia de muerte que pendía sobre nosotros fue para que no confiáramos en nosotros mismos, sino en Dios que resucita a los muertos.

(2 Corintios 1:8-9)

También puedes leer:

Job 2:7-10

Salmos 25:5

Isaías 45:9; 46:3-4, 9-11

Jeremías 29:10-14

Mateo 5:8

1 Corintios 10:13

Versículos sobre la verdad: Salmos 32:7; 73:23; 146:6; Isaías 41:10; Juan 14:6.

REFLEXIONA

- ¿Cómo estás cuestionando la manera en que Dios está haciendo tu vida más fuerte y hermosa que nunca?
- ¿Qué piezas rotas necesitas rendirle a Dios?

Padre:

Vengo hoy a ti. Estoy agotada por intentar hacer todo con mis propias fuerzas. Lista para aceptar tu invitación a rendirme. Hoy digo que me entrego. Entrego el peso de todo aquello que no puedo manejar. Tómalo, Señor. Toma todo esto difícil, todo este dolor y destrózalo perfectamente, para así hacerme más fuerte, más hermosa y capaz de resistir el fuego que antes. Confío en tu amor por mí, en tus planes para mí y en que utilizarás todo esto para bien.

En el nombre de Jesús. Amén.

Capítulo 8

SOLTAR LO QUE NOS RETIENE

En este punto de nuestro viaje juntas, temo que tengas una imagen demasiado prolija de mi desorden. Tal vez, has visto directamente mi fe y has sacado conclusiones que suenan bien y son admirables, pero no son ciertas. Si haces esto, cuando tengas un conflicto en el proceso y el progreso de tu vida, tal vez llegues a pensar que tu fe no es tan fuerte.

Querida…, eso no es cierto.

Los momentos de debilidad no debilitan la fe. Nos hacen más conscientes de que necesitamos fortalecerla. Una fe en Dios que nos ayude a saber que aquello que vemos no es todo lo que hay. Los momentos de debilidad también nos indican lo que debemos hacer en nuestra vida. No te dejes derrotar por ellos, pero tampoco los ignores.

He aprendido a prestar atención a estos tiempos en donde se activa mi dolor y tengo reacciones exageradas ante ciertas situaciones. Siento que es muy entendible que mi primera reacción sea llorar, gritar, querer controlar todo o enloquecer con lo que sea. A veces es mucho más que algo meramente hormonal, es porque hay heridas que no sanaron.

Alguien me hizo una pregunta que debería haber sido un simple diálogo. Sin embargo, como aún hay heridas del pasado ligadas al asunto, esta pregunta disparó sentimientos que trajeron pensamientos y terminaron en un desborde de temas sin resolver. Mi expresión parecía estoica. Pero, en mi mente, mis emociones estaban descontroladas, abrumadas por el dolor y lanzando palabras hirientes al aire. De repente, había una pila de archivos abiertos en mi cabeza que categorizaban la evidencia y justificaban mis sentimientos y pensamientos. Comencé a recordar todas las veces que esta persona me hizo sentir así. Tenía todas esas conversaciones del pasado registradas en carpetas, dentro de mi mente, con la etiqueta "pruebas para utilizar cuando las necesite".

Oh, y ¡qué gran colección la mía! Pruebas de que no tenía mi beneficio en mente. Pruebas de que no era confiable.

En realidad, sabía que esta persona me amaba. La había perdonado por todas las cosas que figuraban en ese archivo. Entonces, no entendía por qué, de pronto, volvía a recordar todo lo peor con lujo de detalle. Su carpeta tenía cantidad de maravillosos depósitos en mi vida de los últimos meses. En los cuales podía haberme fijado para demostrar que esa persona era confiable. Sin embargo, como su pregunta me dio un poco de miedo, todo en esa persona me atemorizó. Cada uno de los problemas de nuestro pasado agravó la situación del presente.

Me resultaba difícil mantener el ritmo de la respiración. Quería que esa persona se alejara de mí. Y, al mismo tiempo, quería que se acercara y se arrepintiera de haber hecho esa tonta pregunta. Quería que leyera mi mente. Que me dijera que tenía razón en sentirme así y me presentara un documento legal en el cual prometiera no volver a lastimarme nunca más. Que me diera una garantía para estar segura o que, directamente, terminara con nuestra relación.

Mientras escribo estas palabras, miro hacia atrás y veo lo mucho que exageré todo. Pero, en ese momento, estos sentimientos parecían completamente lógicos. Mis pensamientos más irracionales reunieron todo el dolor de lo que estaba en esos archivos y los encendieron con la chispa de dolor generada por esa pregunta inesperada que me habían hecho. Y pronto, ya no era una chispa, sino un fuego ardiente. Las heridas sin resolver del pasado forman la leña más trágica de todas.

Yo había perdonado a esta persona por lo que me había hecho. Había dicho las palabras, pero me negaba a olvidar esas etiquetas que le había puesto.

Insensible.

Irresponsable.

Desalmada.

A veces estas etiquetas nos protegen de personas tóxicas. Pero otras, nos impiden perdonar verdaderamente y seguir adelante, incluso con nuestras relaciones sanas. Por eso es sabio reconocer la diferencia.

Sentí profundamente que esta persona era de fiar y no merecía las etiquetas que yo le había puesto. Simplemente, había preguntado algo que podría haberse resuelto en una conversación tranquila, pero los sentimientos del pasado alimentaron a los del presente y desperdicié horas de energía emocional pensando en esto. Me arruinó la mañana. Me secuestró las emociones y en ningún momento recordé que podía tomar una mejor decisión.

Tal vez a ustedes también les han arruinado momentos en medio de todo el progreso alcanzado. Esto no significa que no hemos sanado, solo indica que seguimos aferrándonos a heridas que necesitamos sanar.

Este no es un motivo para condenarnos, es un llamado a actuar.

Tengo algunos puntos de vista que me entorpecen el camino. Algunas cosas sin resolver que no me dejan avanzar. Todavía hay archivos en mi mente que tengo que eliminar o, de lo contrario, mis esfuerzos por continuar estarán atados a mis heridas pasadas, que siempre van a intentar hacerme retroceder y caer.

Sin embargo, de todos estos momentos complicados obtengo un regalo. Me hacen consciente de que hay aún algunos asuntos que encarar. Dejo de fingir que estoy bien cuando no lo estoy. Entonces, me detengo para enfrentar lo que realmente me está reteniendo. Así, no tendré que cojear ni arrastrarme cargando con las cosas que me han pasado, sino que podré correr con gran libertad. Hebreos 12:1-2 nos recuerda:

Por tanto, nosotros también, teniendo en derredor nuestro tan grande nube de testigos, despojémonos de todo peso y del pecado que nos asedia, y corramos con paciencia la carrera que tenemos por delante, puestos los ojos en Jesús, el autor y consumador de la fe, el cual por el gozo puesto delante de él sufrió la cruz, menospreciando el oprobio, y se sentó a la diestra del trono de Dios.

Para poder correr libres, debemos hacer tres cosas:

- Debemos deshacernos de los obstáculos.
- Debemos permanecer libres de los enredos del pecado.
- Debemos perseverar poniendo nuestros ojos en Jesús, el autor de nuestra fe.

Deshacernos de los obstáculos

En la situación que describí antes, lo que me preguntaron activó justo un temor profundo que había en mi corazón..., el miedo de yo misma haber propiciado las adversidades adicionales en mi vida. Y debido a esa aprehensión, no se necesitó mucho para malinterpretar la pregunta de mi amiga, que estaba relacionada con ese tema. Ella solo preguntó por un cambio que quizás tendría que hacer, pero yo la escuché decir que todo esto podría haberse evitado. Eso no fue en absoluto lo que ella quiso decir, pero es con lo que yo estaba luchando en lo más profundo de mi corazón. Por eso, enseguida sentí que tocaba ese miedo mío.

No es que no tenga algunas cosas que reconocer, pero, en ese momento, me estaba haciendo responsable por aquellas que no había hecho. Me estaba castigando por decisiones que no eran mi responsabilidad. Cargar con ese miedo, esa mentira, me impedía superarlo de una manera sana. Me impedía escuchar las palabras de mi amiga sin atribuirles intenciones ocultas.

Finalmente, admití que, si podía lidiar con este temor y aprender a tener una mirada más objetiva en circunstancias que no había elegido ni causado, podría perdonar más fácilmente las futuras ofensas que me golpearan justo en ese miedo. Además, aprendí que podría reaccionar mejor a las preguntas o afirmaciones de los demás. Tal vez, así hasta podría ser más inteligente para deshacerme de esos archivos que usaba como evidencia.

Quizás has tenido tu propia versión de esta historia que te hizo sentir que ibas a perder la cabeza y toda evidencia de que amas a Jesús. Es entendible, y quiero que nos ocupemos de eso. Tendremos que encargarnos del pecado que causa estragos enseguida, pero por favor, escúchame. Las dificultades no son por algo que hayas hecho, sino por algo que Dios está haciendo y que al final será bueno.

Esto lo vemos tanto en el Antiguo como en el Nuevo Testamento. En la vida de Job, de la cual hablamos antes, cuando sus amigos insistían en que las dificultades eran un resultado de los actos de Job. Pero Dios dejó en claro que los amigos de Job estaban equivocados en sus acusaciones.

Jesús también mostró esto en una de sus interacciones. Recuerden lo que compartí antes: la ocasión en que Jesús escupió en la tierra, hizo barro con su saliva y sanó al hombre ciego. Esta historia se cuenta en Juan 9, pero hay algo más que quiero mostrarte de esa enseñanza. Algo más que puede ayudarnos mucho.

Al pasar Jesús, vio a un hombre ciego de nacimiento. Y le preguntaron sus discípulos, diciendo: Rabí, ¿quién pecó, éste o sus padres, para que haya nacido ciego?

Respondió Jesús: No es que pecó éste, ni sus padres, sino para que las obras de Dios se manifiesten en él. Me es necesario hacer las obras del que me envió, entre tanto que el día dura; la noche viene, cuando nadie puede trabajar. Entre tanto que estoy en el mundo, luz soy del mundo. Dicho esto, escupió en tierra, e hizo lodo con la saliva, y untó con el lodo los ojos del ciego, y le dijo: Ve a lavarte en el estanque de Siloé (que traducido es, Enviado). Fue entonces, y se lavó, y regresó viendo. (Juan 9:1-7)

La ceguera de este hombre, su propia dificultad y sufrimiento, no se debía a malas decisiones de él o de sus padres. No era algo que había elegido. Este sufrimiento había sido colocado sobre él. Pero era por una razón. Había sido escogido para mostrar las obras de Dios. A través de su historia, Jesús haría brillar la luz de la verdad y la esperanza para que otros no vivieran en oscuridad. Y entonces, sanaría lo que estaba mal en este hombre.

Solo imagina que, de todo el mundo, este hombre fue elegido para proclamar la verdad y mostrar la obra de Dios. Es cierto que el hombre sufrió de ceguera por mucho tiempo, pero, en retrospectiva, podemos ver todas las bendiciones que se escondían debajo de su dificultad:

- Jesús personalmente lo tocó y él experimentó de primera mano el polvo convertido en barro sanador.
- Escuchó a Jesús proclamar una de las siete declaraciones de "Yo soy" que están en el libro de Juan. Justo antes de sanarlo, Jesús dijo: "Yo soy la luz del mundo".
- Jesús, personalmente, le ofreció una invitación a la salvación. Imagina lo genial que será para él cuando

¿Qué pasa si los peores momentos de tu vida en realidad son puertas hacia los mejores momentos que nunca quisieras cambiar?

en el cielo conversemos acerca de cómo conocimos al Señor. Él será uno de los pocos que podrá decir que, durante una conversación personal con Jesús, Él mismo le ofreció su salvación. (Ver Juan 9:35-38)
• Su historia está registrada en la Biblia y aún hoy seguimos hablando de él.

Mientras que la historia del ciego y sus bendiciones son exclusivamente suyas, te aseguro que, cuando eres elegida para sufrir por alguna razón, también eres elegida para la bendición de mostrar la obra de Dios. ¿Qué pasa si los peores momentos de tu vida en realidad son puertas hacia los mejores momentos que nunca quisieras cambiar?

Está bien. Entiendo que alguna de ustedes quiera arrojar este libro por el aire ahora mismo. Cuando somos elegidas para sufrir, sentimos como si Dios hiciera que nos pasaran cosas malas. Es mucho sufrimiento sin ninguna recompensa a la vista. Pero recuerda siempre que Dios no es quien lo está originando. Él solo lo está permitiendo. Dios no nos está atormentando, sino que nos escoge aleatoriamente para mostrar sus buenas obras aquí en la tierra. Créeme, en la eternidad querrás ser escogida para esto (lo explicaré luego, pero por ahora debes saber que tu recompensa está en camino).

Si pudiéramos ver la imagen completa como la ve Dios. O ver todas las cosas buenas que Él hará en nosotras y a través de nosotras. O ver un poquito desde su perspectiva. No creo que quisiéramos arrojar este libro. O inclinar nuestras cabezas, agitar los puños y patear el piso. Tampoco seguiríamos registrando todos nuestros dolores pasados. Creo que simplemente diríamos: "De acuerdo, Dios me escogió para esto y puedo confiar en que Él me guiará. Me guiará mientras lo atravieso y me guiará cuando termine. Lo que hoy siento como algo terrible, en aquel día será admirable".

Mantente en la perspectiva de Dios. Entrégale a Jesús el peso de tus cargas. Continúa liviana y moldeable, y así serás una luz para muchos otros.

Sin embargo, para estar a tono con Hebreos 12:1-2 también necesitamos atacar nuestro pecado.

Ser libres de los enredos del pecado

Hebreos 12:1-2 no solo nos dice que no carguemos el peso de las cosas que se nos han impuesto, sino que debemos ser muy cuidadosas para que el pecado que originamos nosotras mismas no nos retenga. El pecado nos enreda y ahoga nuestra capacidad de correr bien la carrera de la vida. No quiero dejar este capítulo sin que antes nos deshagamos de las dificultades causadas por el pecado.

Escúchame con atención. Mi cáncer no fue ocasionado por ningún pecado que cometí. Muchos de los problemas que enfrenta la gente (desastres naturales, enfermedades o pérdidas inexplicables) son el resultado de la caída que aparece en Génesis 3. No somos capaces de liberarnos de estas circunstancias, pero debemos dejar de llevar nuestras cargas sin la perspectiva de la esperanza de Dios. Muchas veces, el Señor utiliza estas instancias de dolor como oportunidades para que veamos su poder de restauración en esta vida, entre los dos jardines. Y también para mantener nuestros corazones anhelando la perfección del Edén final, donde no habrá más dificultades. Esto abarca las circunstancias que nos suceden. Pero otros sufrimientos que soporté en mi vida —otras áreas de longanimidad— fueron el resultado directo de mis decisiones fuera de la verdad protectora de Dios.

Tanto las dificultades externas —que no originamos nosotras— como aquellas que están dentro nuestro por causa del pecado necesitan ser liberadas y rendidas a Dios. Antes hablamos de Job. Su circunstancia no fue causada por el pecado. Tampoco la del hombre ciego. Hay otro hombre en la Biblia que acarreó cargas a causa de sus decisiones incorrectas. Su nombre era David.

Después de que David fue confrontado por su adulterio con una mujer llamada Betsabé, se horrorizó de lo lejos de Dios que su pecado lo había llevado. Había consecuencias por su desobediencia que no iban a cambiar. Había asesinado a Urías, el marido de Betsabé, y el hijo que concibieron juntos falleció. Estas fueron realidades en las que los efectos del sufrimiento nunca se irían. Este "hombre conforme al corazón de Dios" lo decepcionó completamente. Y el dolor parecía no tener ningún propósito bueno. Sin embargo, la historia no termina en desesperación. Dios continuó su obra. Todavía tenía un plan. Todavía estaba moldeando y formando a David con un propósito maravilloso. No solo para él, sino para ayudar a los demás. David escribió el Salmo 51 en respuesta a esta situación. Creo que es uno de los mejores ejemplos para deshacerse del "pecado que nos asedia".

Observa la secuencia de estas palabras:

La confesión:

Ten piedad de mí, oh Dios, conforme a tu misericordia;
Conforme a la multitud de tus piedades borra mis rebe-
liones.
Lávame más y más de mi maldad,
Y límpiame de mi pecado.
Porque yo reconozco mis rebeliones,
Y mi pecado está siempre delante de mí.
Contra ti, contra ti solo he pecado,
Y he hecho lo malo delante de tus ojos;
Para que seas reconocido justo en tu palabra,
Y tenido por puro en tu juicio.
He aquí, en maldad he sido formado,
Y en pecado me concibió mi madre.
He aquí, tú amas la verdad en lo íntimo,
Y en lo secreto me has hecho comprender sabiduría.

(vv. 1-6)

La purificación:

Purifícame con hisopo, y seré limpio;
Lávame, y seré más blanco que la nieve.
Hazme oír gozo y alegría,
Y se recrearán los huesos que has abatido.
Esconde tu rostro de mis pecados,
Y borra todas mis maldades.

(vv. 7-9)

La creación:

Crea en mí, oh Dios, un corazón limpio,
Y renueva un espíritu recto dentro de mí.
No me eches de delante de ti,
Y no quites de mí tu santo Espíritu.

Vuélveme el gozo de tu salvación,
Y espíritu noble me sustente.

(vv. 10-12)

El llamado:

Entonces enseñaré a los transgresores tus caminos,
Y los pecadores se convertirán a ti.
Líbrame de homicidios, oh Dios, Dios de mi salvación;
Cantará mi lengua tu justicia.
Señor, abre mis labios,
Y publicará mi boca tu alabanza.

(vv. 13-15)

¿No es asombroso? Aquí podemos observar la secuencia de cómo Dios tomó la tierra del pecado de David y lo volvió a moldear. David **confesó**, pidió que Dios lo **purificara**, que **creara** en él un nuevo corazón y, por último, vino el **llamado**.

La desesperación más profunda de David lo llevó a una gran revelación de Dios.

Nosotras podemos experimentar lo mismo al rendirnos a Él.

La tentación de David y el engaño del enemigo se convirtieron en un testimonio y una declaración de las bondades de nuestro Dios.

Nosotras también lo podemos experimentar si nos rendimos a Él.

El momento de David de la confesión, la purificación y el nuevo corazón creado dentro de él no debe ser pasado por alto. Cada paso fue necesario para que este se convirtiera, al final, en un tiempo de restauración y de cumplimiento de su llamado.

Y, otra vez, nosotras podemos experimentar lo mismo al rendirnos a Él.

Vean que en el versículo 13, David escribió: *"Entonces enseñaré"*, no *"Ahora* enseñaré".

El pecado quiebra la confianza. Por lo tanto, no podemos esperar que Dios nos encomiende un llamado antes de pasar por la confesión, la purificación y la creación de un nuevo corazón en lugar de nuestro corazón roto. Cuando se destroza la confianza, debe ser reconstruida con un comportamiento creíble en nuestras acciones y reacciones a través del tiempo. Por eso, a su tiempo, David sanó y reconstruyó la confianza. Luego, pudo enseñar a otros lo que había aprendido para que, quienes fueran tentados como él, pudieran volverse a Dios. Cuando atravesamos un tiempo como este, podemos enfocarnos en aprender sobre la naturaleza misericordiosa de Dios y cómo extender esa misericordia a otros. Al final, será parte de nuestro llamado. Como mismo el dolor de David se convirtió en un propósito, así también puede suceder para nosotras y para aquello que hemos hecho. Nuestro sufrimiento ya no es tan largo ni tan doloroso cuando sabemos que la perspectiva de Dios es utilizar todas las cosas para bien.

Perseverar poniendo nuestros ojos en Jesús, el autor de nuestra fe

Así parafraseó Eugene Peterson el versículo de Hebreos 12:1-3:

> ¿Ven lo que esto significa, todos estos pioneros que nos abrieron el camino, todos estos veteranos que nos inspiran? Significa que debemos poner manos a la obra. Que nos despojemos de todo, empecemos a correr y ¡nunca abandonemos! Sin grasas espirituales, sin pecados parasitarios.

Mi desesperación
más profunda
puede llevarme a
una gran revelación
de **Dios**.

Mantengan sus ojos en Jesús, quien comenzó y terminó esta misma carrera en que estamos. Estudien cómo lo hizo. Nunca perdió de vista hacia dónde iba, ese final excitante en y con Dios; por eso pudo soportar todo en el camino: la cruz, la vergüenza, todo. Y ahora está allí, en el lugar de honor, justo al lado de Dios. Cuando su fe flaquee, vuelvan a esa historia, punto por punto, esa larga letanía de hostilidad que atravesó. ¡Eso disparará adrenalina en sus almas! [Traducido de la versión *The Message*].

Me encanta que Eugene nos dé el secreto para ser personas que siguen adelante. Llamémoslo el secreto para estar firme. Jesús lo vivió para que nosotros pudiéramos conocerlo. Veamos otra vez una parte específica del pasaje: "[Jesús] Nunca perdió de vista hacia dónde iba [...]; por eso pudo soportar todo en el camino". Por eso, debemos mantener nuestra vista en Él y estudiar su historia, y la Biblia, una y otra vez.

Así es como caminamos en esta vida entre dos jardines. Así es como le damos sentido a las cosas que no lo tienen. Así es como podemos creer que Dios es bueno cuando la vida no lo es. Así es como podemos enfrentar cada dolor, cada decepción, cada sufrimiento y continuar corriendo la carrera con oxígeno en nuestros pulmones, paz en nuestra mente y gozo en el corazón.

Así es como podemos aceptar la realidad, pero vivir tranquilas. Así es como luchamos entre nuestra fe y nuestros sentimientos.

No perdamos de vista hacia dónde vamos. Mantengamos nuestros ojos en Jesús, quien nos mostrará cómo soportar todo en el camino.

El año pasado Dios me mostró una imagen de cómo quería que yo fuera a partir de ahora. La verdad, no soy una mujer que "ve visiones". Por eso, al principio pensé que era solo mi imaginación, pero luego, sentí en mi corazón que esto no era algo aleatorio, que de verdad venía de Dios. Lo que vi en mi mente fue una flor hermosa hecha de un vidrio tan fino como el papel. La miré desde todos los ángulos y admiré como estaba formada. Luego, vi una mano que se entrelazaba alrededor de la flor de vidrio. Cuando la mano se cerró alrededor de ella, el vidrio estalló y se hizo añicos. El vidrio era hermoso y delicado, pero muy frágil para trabajar con él.

Luego vi la misma flor hecha de un acero brillante y a la mano alcanzándola y cerrándose alrededor de ella. La sostuvo por unos pocos segundos y, una vez más, la mano se cerró. Solo que esta vez no le sucedió nada a la flor. No cambió en nada. Cuanto más la presionaba, más se lastimaba la mano. El acero era fuerte, pero no era moldeable. La flor de acero era muy dura para dejar que la mano hiciera lo que deseaba hacer.

Después vi la misma flor hecha de una arcilla blanca. Todo era igual, solo que ahora cuando la mano la agarró y la apretó, la flor se movió junto con la mano. La arcilla se colaba y salía entre los dedos. La mano la dobló, la torció y trabajó la arcilla hasta que de pronto se formó una flor más hermosa que antes.

La arcilla era hermosa y delicada, pero no tan frágil. Era tan fuerte como para mantener su forma y tan suave como para permitirle a esa mano que la remodelara según quisiera. Al final, la flor de arcilla terminó adquiriendo la forma más bella de todas.

Allí sentí que podía entender un poco la perspectiva de Dios. Él ama las partes de mí que son delicadas y hermosas, pero no quiere que sea frágil como el vidrio. Me hizo para ser fuerte, pero no quiere que me ponga rígida e imposible de moldear como el metal.

Él quiere que sea como arcilla, capaz de mantenerme firme pero aun así de ser moldeada y mejorada en el propósito que Él tiene para mí. Y la única manera en que puedo hacerlo es poniendo los ojos en Jesús. Siempre.

Sabía que podría procesar mejor la vida si tenía esta misma perspectiva.

Pocos meses después de que Dios me dio la visión de la flor, estaba enseñando el mensaje del polvo para LifeWay en una conferencia llamada "La palabra viva". Una de las cosas que hace que esta conferencia sea tan diferente es que a cada mujer se le da elementos para poder experimentar a Dios obrando a través de las enseñanzas de formas muy personales. Por ejemplo, como estaba enseñando que Dios mezclaba el polvo con el agua de vida para hacer las cosas nuevas y hermosas, cada participante recibió un poco de arcilla.

Observé a las mujeres haciendo creaciones hermosas con su arcilla. Fue un tiempo muy profundo. Pude verlas pensando en los aspectos de su vida que estaban destrozados y moldeando la arcilla de la misma forma en que Dios quiere hacerlo con ellas. Había formas muy significativas. Hubo una, especialmente, que me hizo sonreír. Era una flor hermosa, muy similar a la de mi visión.

Dios estaba reconfortando a esta mujer de la misma forma en que lo había hecho conmigo. Mi corazón estaba lleno de gozo. Tuve una sensación de redención y surgió un nuevo propósito en mí. Mis circunstancias no habían cambiado, pero sí mi certeza de que el plan de Dios era bueno. Pude ver con mis propios ojos que ninguna de mis lágrimas había sido en vano. No es que esa fuera la imagen completa, no me dio todas las respuestas, pero fue suficiente para ayudarme a continuar.

Cuando pasamos por una aflicción, es Dios que nos está haciendo más eficaces.

No fue porque estaba en un escenario frente a una multitud, sino porque vi la flor de una mujer. Vi una mujer a la que mi historia pudo ayudar. Vi a una persona secarse las lágrimas y tener esperanza. Como yo me había atrevido a romper mi propio silencio, ella pudo romper el suyo. ¡Qué gran regalo!

Mi historia se entrelazó con la suya. Dios acomodó todo en la eternidad para asegurarse de que ella y yo estuviéramos allí en ese preciso momento. Él nos estaba guiando a cada una por separado, pero en ese día nos juntó. Mi vida tocó la de ella y la hizo sentir menos sola, menos rota, menos desesperanzada. Su vida tocó la mía y me recordó que tenía lecciones muy valiosas y útiles que podía compartir desde mi aflicción.

Yo marqué la diferencia y esto marcó una gran diferencia en mí. Revolcarme en mi dolor solo produce ojos enrojecidos, cabellos despeinados y un corazón desesperanzado. Por el contrario, caminar en las cosas buenas que propone Dios con mi sufrimiento produce en mí ojos de esperanza, pensamientos claros y un corazón alegre de verdad.

Ya sea que nuestras dificultades hayan venido por algo que hayamos hecho, como David, o por cosas que no elegimos, como el hombre ciego, la perspectiva de Dios dice que todo es para bien. Él a veces nos permitirá sufrir, pero no dejará que ese sufrimiento sea en vano.

Él usará ese sufrimiento para formarnos, moldearnos y prepararnos mejor para nuestro propósito. Si nos deshacemos de lo que nos entorpece, nos liberamos de los enredos del pecado y perseveramos con los ojos puestos en Jesús.

Cuando pasamos por una aflicción, es Dios que nos está haciendo más eficaces. Así es que podemos "gloriarnos en las tribulaciones".

> Justificados, pues, por la fe, tenemos paz para con Dios por medio de nuestro Señor Jesucristo; por quien también tenemos entrada por la fe a esta gracia en la cual estamos firmes, y nos gloriamos en la esperanza de la gloria de Dios. Y no sólo esto, sino que también nos gloriamos en las tribulaciones, sabiendo que la tribulación produce paciencia; y la paciencia, prueba; y la prueba, esperanza. (Romanos 5:1-4)

¿Acaso no es hermoso que el mantener nuestros ojos en el Señor aligere nuestra carga y que Él luego la convierta en luz? Al final, nuestro sufrimiento no solo nos hace más perseverantes y resistentes para la carrera, sino que traerá esperanza para el futuro, una esperanza de gloria para todos.

Vamos a la fuente

¿QUÉ PASA SI LOS PEORES MOMENTOS DE TU VIDA en realidad son puertas hacia los mejores momentos que nunca quisieras cambiar?

RECUERDA

- Las dificultades no son por algo que hayas hecho, sino por algo que Dios está haciendo en tu vida.
- Cuando eres elegida para sufrir por alguna razón, también eres elegida para la bendición de mostrar la obra de Dios.
- Recuerda siempre que Dios no es quien está causando el dolor y el sufrimiento. Él solo lo está permitiendo.
- El pecado nos enreda y ahoga nuestra capacidad de correr bien la carrera de la vida.
- Mi desesperación más profunda puede llevarme a una revelación mayor de Dios.
- Dios usará el sufrimiento para formarnos, moldearnos y prepararnos mejor para nuestro propósito.

RECUERDA

- Cuando pasamos por una aflicción, es Dios que nos está haciendo más eficaces.
- Al final, nuestro sufrimiento no solo nos hace más perseverantes y resistentes para nuestra carrera, sino que traerá esperanza para el futuro.

RECIBE

Por tanto, nosotros también, teniendo en derredor nuestro tan grande nube de testigos, despojémonos de todo peso y del pecado que nos asedia, y corramos con paciencia la carrera que tenemos por delante, puestos los ojos en Jesús, el autor y consumador de la fe, el cual por el gozo puesto delante de él sufrió la cruz, menospreciando el oprobio, y se sentó a la diestra del trono de Dios.

(Hebreos 12:1-2)

También puedes leer:

Salmos 51:1-15

Juan 9:1-7, 35-38

Romanos 5:1-4

REFLEXIONA

- ¿Qué cargas pesadas te entorpecen y necesitas desecharlas? (Hebreos 12:1)
- ¿Qué pecados te enredan fácilmente? (Hebreos 12:1)
- ¿Qué sería para ti perseverar en este momento? (Hebreos 12:2)
- ¿Qué gozo ha sido puesto delante de ti que te ayudará a resistir? (Hebreos 12:2)

Padre:

Quiero correr con perseverancia la carrera que me has puesto por delante. Continuar, incluso, cuando las burlas del enemigo me ensordecen y mi propia carne me pide rendirme y retroceder. Abre mis ojos para ver todo lo que me entorpece el andar. Mira mi corazón, examina mi vida y ayúdame a aferrarme a la verdad de que Tú estás conmigo y no contra mí. Tú no eres un dios que se burla de mí. Eres Dios, quien me ha escogido y quiero que mi vida te glorifique. Ayúdame, hoy, a recuperar el aliento, Señor. Estoy lista para avanzar una vez más.

En el nombre de Jesús. Amén.

Capítulo 9

EXPONER
AL ENEMIGO

¿Recuerdas lo que escribí sobre el enemigo en el primer capítulo? Si puede aislarnos, puede influenciarnos. Y su punto de entrada favorito es a través de las desilusiones.

Siento una gran necesidad de ayudar a entender mejor la manera en que el enemigo opera y la forma en que podemos vivir libres de los enredos de la oscuridad. Quiero desentrañarlo para que nos sirva de lección. Pero, al hacerlo, quiero recordarte la sinfonía de la compasión de las palabras de Dios. Y la ternura con la que se escribieron todas estas palabras. Aquí no hay condenación, sino que hay ayuda y esperanza. No quiero que ninguna de nosotras se quede aislada, ni intimidada, ni influenciada por el enemigo.

No es para que ni tú ni yo quedemos expuestas, sino para exponer a nuestro adversario.

Tampoco dejes, por favor, que toda esta charla sobre nuestro enemigo despierte temor en ti. Esta información no tiene por objetivo asustarnos, sino enseñarnos. Y, en última instancia, protegernos y liberarnos.

Estoy predicando este mensaje para mí misma. Pero mientras lo escuchas, apuesto a que encontrarás la razón por la que Dios se aseguró de que estés leyendo estas palabras el día de hoy.

El enemigo usa las desilusiones para causar muchos problemas en un corazón inestable. Un corazón hambriento de algo que aplaque el dolor de la desilusión es especialmente susceptible a las formas de deseo más peligrosas. Particularmente, cuando el corazón no es proactivo en tomar la verdad y en permanecer en una comunidad con personas humildes y saludables que viven esa verdad.

Recuerda que los deseos peligrosos que nacen de nuestras desilusiones no resueltas no son otra cosa que una trampa para derribarnos. Una rápida subida hacia una dura caída.

Los **deseos** peligrosos que nacen de nuestras desilusiones no resueltas no son otra cosa que una trampa para derribarnos.

Esto le pasó a una querida amiga. Y quiere que tú y yo veamos lo que ella no vio hasta que una destrucción y devastación serias sucedieron.

Mi amiga se mudó fuera de la ciudad hace cinco años y, aunque teníamos las mejores intenciones de seguir conectadas, la vida siguió su curso. Nos mantuvimos al tanto a través de algunas llamadas y mensajes ocasionales, pero era difícil lograrlo. Quedamos a la deriva. La extrañaba, pero la larga distancia hizo que mantenernos en contacto fuera más difícil de lo que habíamos pensado.

Por esa razón, me entusiasmé mucho cuando me envió un mensaje diciendo que vendría a una de mis conferencias, que se realizaba a unas horas de distancia de donde ella vivía.

La semana previa al encuentro, me compré un conjunto nuevo precioso y no comí nada de pan. Porque, ¡vamos chica!, vale la pena el esfuerzo.

Tenía un ánimo alegre cuando nos sentamos en nuestro almuerzo de reconexión. Y mientras ella sonreía y me seguía la corriente, sentí que algo andaba mal. Muy mal.

Podía sentirlo. Casi podía sentir el humo a destrucción. Y donde hay humo, siempre hay fuego. Así que me negué a ignorarlo. No podía. Me sonaban las alarmas en la mente y me sudaban las manos. La miré profundo a los ojos y, simplemente, le dije: "Sé que no estás bien. Cuéntame".

Cerró los ojos e inhaló con fuerza. Luego, le siguió una exhalación entrecortada que le hizo fruncir los labios y bajar los hombros.

—Hice algo horrible. Tan horrible que siento que voy a morir. Honestamente, algunos días, quiero morirme.

El corazón comenzó a golpearme contra los huesos del pecho. De repente, parecía que el aire hubiese sido aspirado de la habitación. Me decía mentalmente: "No entres en pánico. No entres en pánico. No entres en pánico", mientras tomaba la mano de mi amiga.

Una historia de transigencia moral, engaño y traición matrimonial salió de sus labios al tiempo que las lágrimas le brotaban de los ojos.

Es desgarrador mirar a los ojos a alguien a quien amas profundamente y ver un temor absoluto. Había tomado decisiones que golpearon su vida como una bola de demolición. Su vida ya no tenía bordes redondeados ni lugares delicados a donde aferrarse. Las elecciones que hizo demolieron lo que cierta vez había sido bueno y lo convirtieron en la punzante realidad de una pesadilla.

Sabía que el enemigo estaba haciendo lo que mejor hace: robar, matar y destruir (Juan 10:10). Cuando olfatea nuestros intereses como deseos peligrosos, merodea a nuestro alrededor de manera deliberada. Él no conoce nuestros pensamientos, pero ciertamente puede vislumbrar cuando comenzamos a entretenernos con posibilidades pecaminosas y a coquetear con la transigencia moral.

Las emociones se le habían enredado tanto con las de otro hombre, que tenía la sensación de que sin él moriría. Pero, al mismo tiempo, el peso de la culpa y la vergüenza la estaban ahogando. Se sentía completamente destruida, atrapada y miserable.

El pecado es una gran mentira. Promete tapar los huecos de nuestras desilusiones con satisfacción. En realidad, va directo hacia el corazón y lo llena de vergüenza. Si tan solo pudiéramos ver desde el comienzo lo que la opción del pecado nos hace. Como dijo Ravi Zacharias: "El pecado te llevará más lejos de lo que quieres ir, te mantendrá más tiempo del que quieres estar y te costará mucho más de lo que quieres pagar".[5]

Sí, el pecado es una mentira, y sus sutiles insinuaciones están siendo susurradas ahora mismo en tu oído y el mío por aquel que tiene el aliento de muerte. Pero no tenemos que simplemente sentarnos y aceptarlo, haciendo todo lo posible para no escucharlo. Podemos hacer algo al respecto. Lo que me ayudó mucho es estudiar exactamente lo que el enemigo quiere hacerme. He escuchado antes que no deberíamos enfocarnos en el enemigo. Y estoy de acuerdo. No deberíamos enfocarnos en él, pero debemos enfrentarnos a él. Y la Palabra de Dios nos da perspectivas poderosas para comprender mejor las tácticas del enemigo que vale la pena estudiar. Después de todo, si Dios se aseguró de que estuviera en su Palabra, entonces necesitamos asegurarnos de leerla y entenderla. Una vez que lo hagamos, estaremos mejor equipadas para hacer frente a los ataques del adversario.

Miremos más de cerca lo que él quiere hacernos a ti, a mi amiga y a mí en el día de hoy:

- Tentarnos
- Engañarnos
- Acusarnos

Tentación

Como ya dije, el enemigo no puede leer la mente. Sin embargo, puede estudiar nuestros patrones y escuchar las desilusiones que expresamos. Él sabe que nuestras desilusiones nos causan dolor y que el cerebro nos exige algo para aliviarlo. Es una entrada perfecta, a través de la cual Satanás puede acceder con sus malvadas seducciones y tentaciones.

Desearía que cada tentación tuviese un cartel de advertencia encima, para que pudiésemos saber en lo que nos estamos metiendo.

El cartel de advertencia debería ser como el siguiente, en caso de que sientas la tentación de gastar demasiado:

Comenzarás a mirar la vida de las demás personas y verás todas las cosas nuevas y brillantes que poseen. Comenzará como una pequeña semilla de envidia que crecerá hasta que pienses que tú también mereces tener esas cosas. Harás una compra virtual extra y torcerás el presupuesto mensual tan solo un poquito. Pero no se detendrá allí. El pecado y el secretismo tienen un apetito voraz. Antes de que lo notes, estarás escondiendo de tu esposo las facturas de las tarjetas de crédito. Estarás siendo deshonesta en tus relaciones y te verás enfrentando una deuda abultada. Tus decisiones actuales, aparentemente pequeñas, no solo te afectarán a ti, sino que finalmente te llevarán a la división y, posiblemente, a la destrucción de tu familia y de la paz que dabas por sentada.

O quizá eres tentada al chismorreo y tu cartel de advertencia debería decir:

Te convencerás de que está bien compartir con una amiga un detalle jugoso sobre alguna persona, siempre y cuando le siga un: "Pero no se lo cuentes a nadie". Cada vez que divulgas un secreto que no te corresponde decir, te sentirás un poquito más aceptada por la audiencia cautiva. Te gustará sentir que eres la persona que lo sabe todo. Pero este castillo de naipes se caerá rápidamente al tiempo que tu familia y amigos vayan perdiendo la confianza en ti. Ya no te conocerán como una persona con integridad o credibilidad. Las relaciones se desintegrarán. Y las palabras que una vez te susurraron sobre otros harán su propio viaje de regreso cuando, finalmente, seas tú la persona sobre la que chismean.

Tómate un segundo para pensar al respecto. ¿Qué diría el cartel de advertencia de tu vida? El cartel de advertencia de mi amiga debería haber dicho algo así:

> Pensarás que es una manera de calmar la soledad que sientes. Pensarás que te hará sentir todas las cosas que mereces sentir: linda, respetada, tenida en cuenta, apreciada por quien eres y aceptada como alguien especial. Pensarás que eres la excepción al ser capaz de manejar un coqueteo amistoso sin cruzar la línea y que no lastimarás a nadie. Creerás que va a ser maravilloso, porque remueve sentimientos tan cálidos en esos lugares muy profundos de tu corazón que sentiste muy fríos por tanto tiempo. Creerás que esos cálidos elogios son buenos para ti. Pero es todo una mentira. Estás cegada por el deseo. Estás siendo sorda a la verdad. Estás alcanzando la fruta prohibida que se ve tan bien por fuera, pero que está llena de cuchillas por dentro. Ni siquiera puedes darle un mordisco sin cortarte. Y, lo peor de todo, a pesar de que estás sangrando desde el primer mordisco, te enamorarás tanto de su atractiva dulzura que continuarás comiéndola. Devorarás este pecado sin darte cuenta de que él te está devorando a ti. Créeme, tus sentimientos te engañan. Esto no arreglará tus desilusiones. Solo las multiplicará y convertirá en devastación.

Todos esos carteles de advertencia se encuentran a lo largo de la Biblia.

Por ejemplo: Santiago 1:13-16 y los versículos 21-22 nos dicen:

> Cuando alguien sea tentado, no diga que ha sido tentado por Dios, porque Dios no tienta a nadie, ni tampoco el

mal puede tentar a Dios. Al contrario, cada uno es tentado cuando se deja llevar y seducir por sus propios malos deseos. El fruto de estos malos deseos, una vez concebidos, es el pecado; y el fruto del pecado, una vez cometido, es la muerte.

Queridos hermanos míos, no se equivoquen.

[...]

Así que despójense de toda impureza y de tanta maldad, y reciban con mansedumbre la palabra sembrada, que tiene el poder de salvarlos. Pero pongan en práctica la palabra, y no se limiten sólo a oírla, pues se estarán engañando ustedes mismos.

Pero, si mi Biblia está juntando polvo y se silencia mi conciencia, entonces mi corazón está en riesgo de ser destrozado.

Esta no es una verdad trillada.

Es la pura verdad.

La tentación solo da resultado si el enemigo mantiene las consecuencias escondidas de nosotras.

Él se siente entusiasmado cuando no abrimos la Biblia y sabe cuando no lo hacemos. También sabe cómo atacarnos en ese lugar vulnerable. Pero la verdad arroja luz sobre las formas saludables de procesar nuestras desilusiones y sobre las cosas buenas que Dios puede traer a nuestras vidas. Si podemos recordar eso, podremos ver más claramente la horrible trampa que las tentaciones de Satanás realmente son.

El enemigo quiere que pensemos que la Biblia es demasiado complicada de entender y demasiado difícil para vivirla. No es nada más que un plan maligno, elaborado en las profundidades del infierno para venderte algo que no tienes que comprar. Tu mente fue creada por Dios. Por lo tanto, tu cerebro es perfectamente capaz de recibir lo que necesita recibir, de leer los carteles de advertencia que Dios proveyó en su Palabra. E incluso, si tu cerebro no entiende algunas cosas, tu alma fue creada por Dios para responder a la verdad. No tienes que ser una erudita. Tan solo tienes que haber sido creada por Dios. Y eso sí que lo tienes. Por lo tanto, puedes recibir la Palabra de Dios, y ella alcanzará todos los maravillosos propósitos preparados para tu vida.

Porque la palabra de Dios es viva y eficaz, y más cortante que toda espada de dos filos; y penetra hasta partir el alma y el espíritu, las coyunturas y los tuétanos, y discierne los pensamientos y las intenciones del corazón. Y no hay cosa creada que no sea manifiesta en su presencia; antes bien todas las cosas están desnudas y abiertas a los ojos de aquel a quien tenemos que dar cuenta.

Por tanto, teniendo un gran sumo sacerdote que traspasó los cielos, Jesús el Hijo de Dios, retengamos nuestra profesión. Porque no tenemos un sumo sacerdote que no pueda compadecerse de nuestras debilidades, sino uno que fue tentado en todo según nuestra semejanza, pero sin pecado. Acerquémonos, pues, confiadamente al trono de la gracia, para alcanzar misericordia y hallar gracia para el oportuno socorro. (Hebreos 4:12-16)

Recuerda que Satanás sabe cuán poderosa es la Palabra de Dios y quiere mantenernos alejados de ella. No se lo permitas.

Engaño

Dios es el autor de la verdad que nos da poder. Satanás es el autor del engaño que nos mantiene prisioneras. Y una vez que nos aísla y nos encarcela, su plan nos destruye. No hay libertad en el pecado. Hay una rápida emoción con luces y fuegos artificiales que se desvanecen, pero luego la oscuridad te envuelve, y te das cuenta de que la fiesta es en la celda de la prisión.

Todo aquello que no se alinea con la verdad es una mentira. Y donde hay una mentira, el enemigo está trabajando. Cuanto más tiempo pueda mantener engañada a una persona, más placer pedirá su carne y pronto se convertirá en esclava de las versiones más depravadas de sus deseos.

> Estos son fuentes sin agua, nubes que arrastra la tormenta, y para siempre les espera la más densa oscuridad. Cuando hablan, lo hacen con palabras arrogantes y vanas; mediante las pasiones humanas y el libertinaje seducen a los que habían comenzado a apartarse de los que viven en el error. Les prometen libertad, pero ellos mismos son esclavos de la corrupción, pues todo aquel que es vencido, se vuelve esclavo del que lo venció. (2 Pedro 2:17-19)

Son versículos fuertes. Una fuente sin agua es una fuente que está seca y no cumple su propósito. Una persona como esta dejó de recibir el agua viva de Dios, se volvió fría y dura, y no puede cumplir con el propósito de Dios. En lugar de estar fundamentada en la verdad, es dirigida por sus sentimientos. Y a veces, se parece a la neblina que es arrastrada por la tormenta. Lo que tan solo fue un pequeño pensamiento se vuelve parte de una verdadera tormenta dentro de su interior, toma el control de sus decisiones y, finalmente, afecta a aquellos que están a su alrededor.

Hay confusión, engaño, justificación y se hace daño cuando no solo somos engañadas por nuestros deseos, sino también cuando en el proceso arrastramos a otros por el mal camino. Cada vez que vivimos alguna clase de doble vida, confundimos a otras personas. No podemos guiar a otros hacia lugares saludables cuando nosotras mismas estamos tomando decisiones enfermizas.

Pero, por favor, ten en cuenta que esta es una advertencia desesperada diseñada para ayudarnos, no para acumular vergüenza sobre nosotras. Unos versículos después —2 Pedro 3:9—, se nos recuerda que el Señor no quiere que nadie perezca, sino que todos procedan al arrepentimiento.

La semana pasada escuché a mi amigo Levi Lusko decir: "Cuando Dios dice 'no' deberíamos entenderlo como un 'no te lastimes a ti misma'".

Piensa en esa protectora voz de Dios cuando leemos más y más de su Palabra sobre el peligro de ser engañadas. "No se engañen. Dios no puede ser burlado. Todo lo que el hombre siembre, eso también cosechará. El que siembra para sí mismo, de sí mismo cosechará corrupción; pero el que siembra para el Espíritu, del Espíritu cosechará vida eterna". (Gálatas 6:7-8)

Pero no leamos tan solo las advertencias sobre el engaño y los deseos. Leamos la verdad sobre qué hacer con nuestros deseos.

Primero, debemos hacer el trabajo sincero de reconocer los motivos que impulsan esos deseos. El solo hecho de que quiera algo no significa que sea lo mejor de Dios para mi vida. El solo hecho de que pueda hacer algo no significa que deba hacerlo.

"Todo me está permitido, pero no todo es provechoso; todo me está permitido, pero no todo edifica" (1 Corintios 10:23). Si estamos cansadas de esperar en Dios, agotadas de desear algo que tienen los demás, sufriendo con un corazón dolido o desesperadas por un poco de alivio, así también corremos el riesgo de engañarnos a nosotras mismas y caer presas de la mentira del enemigo. Es crucial tomarse tiempo para inspeccionar esos motivos. Me desafío a mí misma con lo siguiente: "¿Esto hará que me parezca más a Cristo o menos?". Algunas otras preguntas que puedes hacerte son: "¿Esto me ayudará a estar más saludable espiritual, emocional y físicamente?" y "¿La persona espiritualmente más madura que conozco pensaría que esto es una buena opción?".

Luego, debemos conocer lo que Dios ofrece en el lugar de los deseos enfermizos. Antes de Cristo, teníamos deseos que, aunque eran agradables en el momento, al final nos conducían a la destrucción. Pero después de ser nuevas criaturas, los deseos de Dios deberían volverse nuestros deseos. A continuación, presento un par de versículos al respecto:

> A ustedes, él les dio vida cuando aún estaban muertos en sus delitos y pecados, los cuales en otro tiempo practicaron, pues vivían de acuerdo a la corriente de este mundo y en conformidad con el príncipe del poder del aire, que es el espíritu que ahora opera en los hijos de desobediencia. Entre ellos todos nosotros también vivimos en otro tiempo. Seguíamos los deseos de nuestra naturaleza humana y hacíamos lo que nuestra naturaleza y nuestros pensamientos nos llevaban a hacer. Éramos por naturaleza objetos de ira, como los demás. Pero Dios, cuya misericordia es abundante, por el gran amor con que nos amó, nos dio vida junto con Cristo, aun cuando estábamos muertos en nuestros pecados (la gracia de Dios los ha salvado). (Efesios 2:1-5)

> Por medio de ellas nos ha dado preciosas y grandísimas promesas, para que por ellas ustedes lleguen a ser partícipes de la naturaleza divina, puesto que han huido de la corrupción que hay en el mundo por causa de los malos deseos. (2 Pedro 1:4)

Ahora, reconozcamos que esto podría ser difícil para nosotras. Cuando reprimimos los deseos humanos, ellos gritan para ser satisfechos de la manera más fácil y rápida. Quizá nos hayamos prometido que no vamos a caer en otra relación enfermiza. O declaramos que esta vez nos vamos a apegar al plan de alimentación saludable. O les prometimos a las personas que queremos que ya no vamos a hacer elecciones destructivas por consumir drogas. Pero luego, la vida transcurre.

Nos entristecemos. Pronto nos desesperamos por sentirnos cerca de alguien, incluso si esa persona no es la indicada para nosotras. La verdad de Dios no parece ser atractiva en ese momento.

Estamos realmente hambrientas. El anhelo es intenso, así que la gratificación inmediata de un gran plato de papas fritas bien saladas parece justificable. La verdad de Dios no parece ser atractiva en ese momento.

Estamos abrumadas. Sentimos que no podemos más. De manera que adormecernos parece mucho más necesario que guardar una promesa. La verdad de Dios no parece ser atractiva en ese momento.

Créeme, lo entiendo. Estoy viviendo las dificultades de las que hablo aquí "ahora mismo". Por esa razón puedo decir amablemente, pero con absoluta seguridad, que los deseos que tenemos fuera de lo mejor de Dios para nosotras son soluciones vacías que solo aumentarán la soledad, el diámetro de nuestra cintura o el dolor.

Dios no nos señala con el dedo. Planea algo mejor para nuestras vidas. Lo que realmente deseamos todas es tener más de Dios. Lo mejor de Él es la única fuente de la verdadera satisfacción. Él es la única respuesta a cada uno de nuestros deseos. Él tiene las respuestas a nuestras desilusiones y va a llevar nuestros deseos por su camino. De acuerdo con su voluntad y a su tiempo. Él tiene planes buenos para que vivamos vidas buenas. No entrega sus regalos envueltos en paquetes de confusión, ansiedad, culpa o vergüenza. Santiago 1:16-17 nos asegura: "Queridos hermanos míos, no se equivoquen. Toda buena dádiva y todo don perfecto descienden de lo alto, del Padre de las luces, en quien no hay cambio ni sombra de variación".

El engaño del enemigo está diseñado al detalle para llamar tu atención, captar tu cariño y alejarte de la adoración a Dios, la única y verdadera realización de los anhelos de nuestro corazón. Satanás se rebeló contra el Creador y quiere que tú lo hagas también, para quedar atrapada en la búsqueda de deseos que nunca te van a satisfacer. El enemigo quiere que te enamores cada vez más de los placeres de la Creación que del placer del Creador mismo.

¿Recuerdas a Eva, que buscó en un árbol la sabiduría, algo para lo cual el árbol no estaba hecho? En lugar de sabiduría, recibió el conocimiento del bien y del mal. Y tener ese conocimiento no hizo que su vida fuera mejor de lo que pensaba. Tuvo entonces que cargar con el peso de la maldad, que era un peso que no se suponía que tuviera que llevar. La fruta, que parecía ser tan dulce, no la satisfizo. En cambio, la cargó de temor, ansiedad y vergüenza.

Estas son verdades que podrían haber ayudado a mi amiga en medio de su situación. Ciertamente, podrían ser carteles de advertencia, evidentes para cualquier cosa que pueda alejar mi corazón de lo mejor de Dios para mi vida en este preciso momento.

Todas tenemos algo que nos tironea.

Todas.

Ser honestas al respecto es el primer paso para alejarnos del enemigo y acercarnos a Dios. Ese minuto en que nos sentimos inmunes a las tácticas del enemigo es el minuto en que el orgullo, la autosuficiencia y el autoengaño se aceleran y la Palabra de Dios queda fuera de sintonía.

Créeme, el enemigo está tan interesado en aprovecharse de tus desilusiones como lo estuvo con mi amiga. Él no se toma vacaciones. Por lo tanto, tampoco deberíamos tomarnos vacaciones del estudio de la Palabra de Dios. No quisiéramos estar siquiera unas horas sin agua ni hablar de no tenerla por días o semanas. Deberíamos ver el agua viva de Dios para nuestra alma de la misma manera. A Satanás no lo intimida lo fuertes que parezcamos. Él observa un alma medio seca. Es astuto. Hábil. Es sutil en la manera de deslizarse delante de nosotras y lanzar justo lo correcto, en el momento indicado, en aquellos tiempos en que, sin saberlo, estamos lo suficientemente débiles para pensar: "Mmm..., eso se ve bien. Eso realmente podría satisfacerme".

Comenzó así, tan sutilmente, con mi amiga. Ella creyó la mentira de que era tan solo una inocente diversión. Un pequeño coqueteo. Algunos intercambios que la hacían sentir especial, única y tenida en cuenta. Pero no había de qué preocuparse, porque cada martes asistía al estudio bíblico y cada domingo, a la reunión en la iglesia. Obviamente que, por su cuenta, no abría la Biblia. Era un complemento para cargar con las apariencias. Honestamente, recibió lo necesario de parte de otros para sentirse aceptablemente inspirada.

Cosechó los trozos y las partes de lo que escuchaba en las enseñanzas de otros para sentirse bien. ¿Y esos versículos que sobresalían como advertencias? Ella consideraba que eran duros y para otras personas que tenían verdaderos problemas.

El coqueteo no le parecía mal. Estaba compensando aquello que tanto la había desilusionado de parte de su esposo en los últimos quince años.

Él no estaba sintonizado con las necesidades de mi amiga. Ya no le expresaba cariño. Tenía expectativas poco realistas acerca de ella. Era crítico cuando ella no podía satisfacer sus necesidades.

Mi amiga se paraba en la cocina y lo observaba mientras estaba sentado en la oficina. Entrecerraba los ojos y pensaba en todas las formas en que se sentía despreciada ante su vista. Una vez, le pidió hacer terapia de parejas y él se la sacó de encima diciendo que no necesitaban eso. Luego, la animó a planear otro viaje para hacer una escapada y reconectarse.

Pero las tarjetas de crédito estaban al límite. Ella giró los ojos y dirigió sus pensamientos hacia otra persona. Él era amable. Divertido. La cortejaba. Era extravagante con sus regalos y tenía una billetera llena de dinero.

Sin mencionar que también era amable, divertido y seductor con otras. Y sin mencionar que él también era casado. Le decía que era justo para ella y ella eligió la opción de creerle.

Podían ser tan solo amigos del trabajo.

Amigos especiales.

Amigos que podían confiarse los problemas que tenían en casa.

Podían encontrarse para almorzar.

Fue un lento descenso por una pendiente resbaladiza. Una justificación tras otra, que se convirtió en una red de engaño. Cuando escuchamos las mentiras del enemigo, somos propensas a comenzar a decir nuestras propias mentiras.

Unos simples mensajes de texto se convirtieron en diálogos de todo el día.

Pero, lo que una vez se sintió como un pequeño estímulo emocional, ahora se sentía como una tabla salvavidas emocional. Ella deseaba más. Él también.

Y no pasó mucho tiempo para que no ocultaran nada.

Todo parecía muy vivificante, hasta que un día lo vio de lejos en un centro comercial, besando a otra mujer en la frente.

> Si vamos a ser fieles a
> nosotras mismas, es mejor
> asegurarnos de estar siendo
> fieles a nuestro ser más rendido,
> sano y saludable, aquel para el
> que Dios nos creó.

Estaba conmocionada. Esa era su manera especial de despedirse. Se le clavó un puñal en su corazón. No pudo contener las lágrimas. Y cuando al día siguiente lo confrontó en el descanso laboral, él no le hizo caso. La hizo sentir pequeña y un poco loca.

El juego ya no era divertido.

Fue una pesadilla que se extendió durante más de un año. No podía dejarlo ir. Pero él no se comprometía. E incluso si lo hubiera hecho, en lo profundo ella se sentía confundida y en conflicto. Pensaba que las cosas terminarían como la mejor película romántica. Pero no se puede construir algo verdadero sobre una pila de mentiras.

Se había dicho una y otra vez: "Debo ser sincera conmigo misma. Seguir mi corazón. Si lo siento como algo bueno, es porque debe serlo. Merezco algo para mí por una vez en la vida. Después de todo, Dios quiere que sea feliz". Pero Jeremías 17:9 dice claramente que nuestro corazón es engañoso: "Engañoso es el corazón más que todas las cosas, y perverso". Cada cosa que nos dicen las emociones debe estar sujeta a la verdad de la Palabra de Dios. De otra forma, seremos vulnerables a la manera en que el enemigo tuerce los pensamientos y las emociones, y los usa para engañarnos.

Lo que mi amiga no pudo notar era que estaba siendo fiel a su ser enfermizo.

Si vamos a ser fieles a nosotras mismas, es mejor asegurarnos de estar siendo fieles a nuestro ser más rendido, sano y saludable, aquel para el que Dios nos creó. Un gran versículo que nos ayuda a decidirlo es Salmos 19:14 (LBLA): "Sean gratas las palabras de mi boca y la meditación de mi corazón delante de ti, oh Señor, roca mía y redentor mío".

Sí, los dichos de mi boca y la meditación de mi corazón deben agradar a Dios. Y esto solo puede suceder cuando alineo mis palabras, pensamientos y deseos con las Escrituras.

De otra manera, el deseo de calmar el dolor de las desilusiones nos llevará justo a las mentiras del enemigo y le daremos lugar para que ejecute nuestra destrucción. No debemos olvidar que el apetito de nuestra alma solo puede ser satisfecho con una dosis diaria de verdad. De otra manera, seremos propensas a tomar un tentempié de engaño.

Acusación

No importa cuán atractivas sean sus mentiras al principio ni que parezca que están dirigidas a hacerte bien, recuerda que Satanás no quiere ser tu amigo. No quiere ayudarte a encontrar la felicidad. Él quiere acusarte.

Usará la tentación y el engaño en tu contra. Cuando pecamos, le damos letra al diablo sobre cómo hacernos sentir indignas e incapaces de ser perdonadas.

Lo peor que le puede suceder a Satanás es que nosotras creamos que Dios nos ama, que tiene en mente lo mejor para nosotras y que nos perdona los pecados. ¿Por qué esto infunde temor en el corazón de Satanás? ¿Por qué quiere mantenerte atrapada en el pecado, revolcada en el engaño y haciéndote caminar por la arena de la acusación? Porque quiere mantener tu boca cerrada. ¿Acaso no es interesante que en Apocalipsis 12:10 se nos diga que Satanás es el único que nos acusa delante de Dios día y noche? Pero el siguiente versículo nos enseña que el enemigo es derrotado por la sangre del Cordero y la palabra de nuestro testimonio.

El enemigo no quiere que salga el testimonio de nuestros labios. Por lo tanto, no quiere que experimentemos nunca la libertad, la verdad ni la redención. Sea que el polvo de nuestras vidas se deba o no a nuestras propias decisiones, él no quiere que llegue jamás a las manos de Dios.

Dios tiene un plan para nuestro polvo, pero ten la plena seguridad de que el enemigo también lo tiene. Y el plan del enemigo para ese polvo no es nada menos que destrucción y muerte. Él quiere que nunca veamos el nuevo comienzo que Dios nos ofrece.

Quiere consumirnos. Quiere consumir nuestro polvo; por esa razón, nada bueno puede salir de él.

Recuerda que en Génesis 3:14 leemos: "Y Jehová Dios dijo a la serpiente: [...] sobre tu pecho andarás, y polvo comerás todos los días de tu vida".

Esta fue una consecuencia de Dios, pero Satanás es astuto. Encontró también la manera de poder usarlo como táctica para oler nuestro polvo y luego comerlo.

¿Acaso sabías que hasta el día de hoy las serpientes, deliberada e intencionalmente, comen y lamen el polvo? Encontré una investigación fascinante que apoya este versículo:

El paladar de las serpientes tiene un órgano llamado "órgano de Jacobson". Además de la nariz, este órgano les ayuda a las serpientes a oler. Su lengua bifurcada y atrevida prueba partecitas de polvo levantándolas con la punta, que luego presenta al par de órganos sensoriales dentro de la boca. Una vez que las "huele" de esta manera, la lengua debe limpiarse para que el proceso pueda repetirse inmediatamente.

Por lo tanto, las serpientes *realmente* lamen el polvo y lo comen.[6]

Creo que, al igual que las serpientes de hoy en día, nuestro enemigo espiritual también huele el polvo y se alimenta de él. Él quiere que solamente veamos destrucción, muerte y derrota. Quiere que sus acusaciones nos impidan escuchar las promesas de redención de Dios.

Aquí es donde su amable atracción a la tentación y la lenta seducción del engaño se convierten en una furia despiadada de acusación. Nunca tuvo la intención de consolarte con alegría ni de consentirte con justificaciones. Su propósito siempre fue aplastarte con sus acusaciones.

Este es el guion:

> **Tentación**: ¿Acaso no quieres sentirte bien? Prueba esto…, es asombroso.
>
> **Engaño**: Te lo mereces. Eres lo suficientemente especial para salirte con la tuya. Y nadie lo sabrá nunca. Tan solo será una alegría que tanto te mereces.
>
> **Acusación**: Mira lo que hiciste. Dios está avergonzado de ti. Cuando las personas te descubran, sentirán lástima por ti y dirán que eres una perdedora, porque eso lo que lo eres. Así que, mejor, guárdalo como un secreto. No es solamente tu elección. Es lo que realmente eres. Nunca escaparás de esta vergüenza ni sanarás de este dolor. Lo mejor que puedes hacer es anestesiarlo y tengo algunas sugerencias para ello.

Y esta es la manera en que muchos se alejan de la redención de Dios y se adentran en el oscuro ciclo de tentación, engaño y acusación.

Si es aquí donde tú te encuentras, considera la esperanza que se presenta en 1 Pedro 1:6-7 para ayudarnos a entender que todo lo que atravesamos —todas las temporadas de devastación y polvo de nuestra vida— cuando nos rendimos al Señor puede dar como resultado una fe más genuina y traer más alabanza, gloria y honor a Dios: "Esto les causa gran regocijo, aun cuando les sea necesario soportar por algún tiempo diversas pruebas y aflicciones; **pero cuando la fe de ustedes sea puesta a prueba**, como el oro, **habrá de manifestarse en alabanza, gloria y honra el día que Jesucristo se revele**" [énfasis mío].

Luego, los versículos 13 al 16 nos dicen qué hacer una vez que entendemos el buen plan de redención de Dios:

> Por lo tanto, preparen su mente para la acción, estén atentos y pongan toda su esperanza en la gracia que recibirán cuando Jesucristo sea manifestado. Pórtense como hijos obedientes, y no sigan los dictados de sus anteriores malos deseos, de cuando vivían en la ignorancia. Al contrario, vivan una vida completamente santa, porque santo es aquel que los ha llamado. Escrito está: "Sean santos, porque yo soy santo".

No te intimides por el pensamiento de ser santa. Dios no espera perfección. Tan solo quiere que nos rindamos completamente a su camino y a su Palabra.

Y, finalmente, Santiago 5:13-16 nos da instrucciones de qué hacer exactamente si estamos en problemas:

> ¿Hay alguien entre ustedes, que esté afligido? Que ore a Dios. ¿Alguno de ustedes está de buen humor? Que cante

alabanzas. ¿Hay entre ustedes algún enfermo? Que se llame a los ancianos de la iglesia, para que oren por él y lo unjan con aceite en el nombre del Señor. La oración de fe sanará al enfermo, y el Señor lo levantará de su lecho. Si acaso ha pecado, sus pecados le serán perdonados. Confiesen sus pecados unos a otros, y oren unos por otros, para que sean sanados. La oración del justo es muy poderosa y efectiva.

Le leí estos versículos a mi amiga cuando nos encontramos y luego oramos. Permití que todas estas verdades también lavaran con profundidad mis desilusiones más hondas. Y me ayudó a darme cuenta de que, si no fuera por la gracia de Dios, podría estar en el lugar de mi amiga. Todos estamos a solo unas pocas malas decisiones de encontrarnos en situaciones pecaminosas en las que nunca pensamos estar.

Creo que la respuesta que le di a mi amiga después de estudiar estos versículos juntas la sorprendió. La miré con lágrimas en los ojos y le susurré: "Gracias. Gracias por permitirme entrar. Gracias por darme una razón de estudiar todo esto de forma intencional. Gracias por ser lo suficientemente valiente para permitirme ver el peligro de las desilusiones que dan lugar a estos deseos peligrosos. Gracias por permitirme ver lo que el enemigo nunca quiere que veamos: las consecuencias de esos deseos que nos alejan y nos llevan a elecciones mortales. Tu historia tendrá provecho. Dios ya está usando para bien lo que el enemigo planeó para mal".

La redención está aquí. El polvo es hecho nuevo tanto para mí como para ti. El enemigo podrá ser despiadado, pero no victorioso.

Vamos a la fuente

SI MI BIBLIA ESTÁ JUNTANDO POLVO Y SE SILENCIA mi conciencia, entonces mi corazón está en riesgo de ser destrozado.

RECUERDA

- Recuerda que los deseos peligrosos que nacen de nuestras desilusiones no resueltas no son otra cosa que una trampa para derribarnos.
- El enemigo quiere tentarte, engañarte y acusarte.
- La tentación solo da resultado si el enemigo mantiene las consecuencias escondidas de nosotras.
- La verdad arroja luz sobre las tinieblas y nos ayuda a ver la horrible trampa que Satanás nos está tendiendo.
- Tu alma fue creada por Dios para responder a la verdad.
- Dios es el autor de la verdad que nos da poder. Satanás es el autor del engaño que nos mantiene prisioneras.

RECUERDA

- El engaño del enemigo está diseñado al detalle para llamar tu atención, captar tu cariño y alejarte de la adoración a Dios.
- Si vamos a ser fieles a nosotras mismas, es mejor asegurarnos de estar siendo fieles a nuestro ser más rendido, sano y saludable.
- Dios no espera perfección. Tan solo quiere que nos rindamos completamente a su camino y a su Palabra.
- El apetito de nuestra alma solo puede ser satisfecho con una dosis diaria de verdad. De otra manera, seremos propensas a tomar un tentempié de engaño.
- Tu historia tendrá provecho.

RECIBE

Por lo tanto, preparen su mente para la acción, estén atentos y pongan toda su esperanza en la gracia que recibirán cuando Jesucristo sea manifestado. Pórtense como hijos obedientes, y no sigan los dictados de sus anteriores malos deseos, de cuando vivían en la ignorancia. Al contrario, vivan una vida completamente santa, porque santo es aquel que los ha llamado. Escrito está: "Sean santos, porque yo soy santo".

(1 Pedro 1:13-16)

También puedes leer:
Génesis 3:14
Salmos 18:30-32; 19:14
Jeremías 17:9
Juan 10:10
1 Corintios 10:23
Gálatas 6:7-8
Efesios 2:1-5
Hebreos 4:12-16
Santiago 1:13-17, 21-22; 5:13-16
1 Pedro 1:6-7
2 Pedro 1:4; 2:17-19; 3:9
Apocalipsis 12:10-11

REFLEXIONA

- Si tus tentaciones tuvieran carteles de advertencia, ¿qué dirían esos carteles?
- ¿En qué formas aparentemente insignificantes estás permitiendo que el enemigo te haga caer en tu desilusión?
- Considera las tres maneras en que el adversario viene a nosotras. ¿Te sorprende alguna de ellas? ¿Cómo puedes estar más atenta a sus maquinaciones?

Padre:

No quiero ser alguien a quien el enemigo pueda aislar o intimidar con facilidad. Una mujer influenciada por sus mentiras y seducida por sus planes astutos. Quiero vivir esta vida libre de sus enredos. Por esa razón, estoy muy agradecida por el increíble don de tu Palabra. Guíame y enséñame cada día al sentarme delante de tu verdad. Prepara mi corazón y mi mente para la batalla. Lléname de tu revelación y tu poder. Convénceme y consuélame. Arroja luz sobre las tretas del enemigo y concédeme la fuerza para estar en pie. Declaro hoy que, aunque el enemigo es despiadado, no tendrá la victoria sobre mi vida. No, si estoy contigo y tus palabras están obrando poderosamente en mi corazón y en toda mi vida.

En el nombre de Jesús. Amén.

Capítulo 10

PALABRAS DE VICTORIA

Aveces me siento la reina de los momentos incómodos. Especialmente cuando estoy muy desprevenida y no puedo entender con rapidez lo que sucede. Una de las frases que utiliza el diccionario Webster para definir *incomodidad* es "falta de seguridad".

Sí, le dio en el clavo.

Quiero asegurarme completamente de que mi vida está alineada con la forma en que pensé que sería. Aunque en realidad es muy impredecible y, cuando se sale del plan, como sucede casi siempre, me pongo nerviosa y me cuesta interactuar inmediatamente con otros sin ponerme incómoda. No es que quiera sentirme así. Es solo que me gusta mucho la tranquilidad de lo normal. Me gusta tener un plan y que las cosas salgan según lo planeado. Me gusta que todos actúen según el esquema. Quiero que mi gente se mantenga dentro de los límites de lo seguro y lo previsible. No quiero ninguna desviación inesperada del plan, nunca.

Hola, fantasía.
Hola, desilusión.
Hola, reacción incómoda a la desilusión.

Por ejemplo, el año pasado tuve que realizarme una colonoscopía. Sin entrar en detalles, es cuando te introducen un tubo con una pequeña cámara en tu puerta trasera para examinar un poco el intestino grueso. Reconozco que hasta la descripción es incómoda, pero la experiencia es más incómoda aún. Especialmente si tu nombre es Lysa TerKeurst.

Pensé que sabía lo que pasaría, pero mi experiencia no fue lo que esperaba y me tomó por sorpresa. Primero, antes del estudio no puedes comer por un día entero. ¡¿Qué?! Luego tienes que tomar un líquido raro que, básicamente, hace una limpieza profunda de tu plomería. Asqueroso.

Por eso, incluso justo antes del procedimiento, seguía pensando: "Tiene que ser una broma".

Cuando todo está listo, te duermen para hacer el proceso real 🙏. Sin embargo, en algunas ocasiones el cuerpo del paciente no asimila la anestesia, ya sea por el miedo, por su metabolismo, el deseo de estar en control absoluto o alguna otra cosa extraña, y se despierta durante el proceso. No psicoanalicemos todo esto, porque soy una de esos pacientes.

Me desperté.

Ahora, por supuesto, no recuerdo haberme despertado y no lo sabía hasta que mi doctor me lo dijo al día siguiente. Esa fue una conversación graciosa. Me sonrojé de inmediato mientras pensaba que el doctor ahora tenía una nueva historia para contar cuando le preguntaran: "¿Cuál fue el caso más raro y gracioso que viviste?".

Supuestamente levanté mi mano y le dije: "Disculpe, esta situación es demasiado para mí. Estoy un poco dolorida e incómoda, me voy".

Y salté de la camilla, tomé algo del aire como si agarrara mi bolso y dije: "Adiós".

Ni siquiera puedo... ¡¿Qué?! Por favor, dime que no es cierto.

El doctor respondió tranquilo: "Bueno, Lysa, seguro querrás que te quite el tubo antes de irte. Así que vamos a acostarte nuevamente en la camilla unos minutos".

Mientras el doctor me contaba esto al día siguiente, tuvo que hacer una pausa allí. Sabía que no debía reírse, así que dobló sus labios dentro de la boca y los apretó hasta que pudo continuar: "Nunca antes un paciente había saltado de la camilla. Nunca".

Bueno, ahí está.

Como dije, no me gusta que me tomen por sorpresa y supongo que ese miedo está tan arraigado dentro de mi ser, que hasta mi subconsciente reacciona a aquello que no sale como esperaba. Tal vez has pensado en esto a medida que avanzamos en el libro. En los primeros capítulos, pareciera que Art y yo no estamos juntos. Es que en el momento en que los escribí no estábamos juntos. Incluso ahora ya no vivimos juntos. Pero luego lees que está sosteniendo mi mano y ayudándome a atravesar el cáncer. Después lees que no tenemos ni idea de dónde estaremos en el momento que se publique este libro. Estoy en un momento de mi vida que no es como pensé que sería. Todo en mí quiere que podamos superarlo. Quiero que mi familia esté unida, pero hay algunas cosas que tienen que cambiar para que volvamos a estar juntos de una forma sana. Esas cosas llevan tiempo y todos debemos tomar decisiones relacionadas con eso.

Todo es muy impredecible y, por momentos, un poco incómodo.

Sospecho que, con algunas situaciones de tu vida, te sientes igual que yo. Tal vez tus situaciones sean distintas, pero ese "factor incómodo" también te dificulta un poco las cosas.

Tal vez te sientes inestable en tu trabajo y crees que Dios te está llevando a otro lugar, pero no te lo ha revelado aún. Por eso, por ahora, vas a una oficina todos los días solo por ir. Es incómodo.

Tal vez tu hijo este año tiene una maestra con la que no estás conforme. Ya hablaste con ella, pero no ha cambiado nada. Hablaste con el colegio, pero no ha cambiado nada. Te sientes cansada, indefensa y atrapada en el medio de una situación que constantemente te toma por sorpresa a ti y a tu hijo.

O tal vez viste que todas tus amigas encontraron el amor, caminaron hacia el altar y comenzaron la vida que siempre soñaste para ti. Unos meses después conoces a alguien que es todo lo que deseabas, conectaste con él, les dijiste a tus amigas que pensabas que era el hombre indicado y esta semana sientes que él se está arrepintiendo. Es difícil de entender y entras en pánico, pero cuanto más lo presionas, más distancia sientes entre ustedes.

Hay miles de escenarios que evocan esos sentimientos de incertidumbre, miedo y agotamiento cuando la vida no es como pensabas que sería.

Cualquiera que sea tu situación, probablemente sientas que no puedes cambiarla. Pero aun así, tienes que vivir en la realidad que está sucediendo ahora. A veces solo tienes que caminar en lo desconocido.

El Señor deja claro en su Palabra que las cosas no siempre van a ser como deseamos en esta vida entre dos jardines:

En el mundo tendrán aflicción... (Juan 16:33)

Basta a cada día su propio mal. (Mateo 6:34)

Amados hermanos, no se sorprendan de la prueba de fuego a que se ven sometidos, como si les estuviera sucediendo algo extraño. (1 Pedro 4:12)

Todo esto es agotador, caminar en lo desconocido es aterrador.

Ahí es donde estoy ahora.

Ahí es donde nos cansamos y los tentáculos del miedo a lo desconocido pueden ahogarnos.

El miedo parece ser un primo cercano de la desilusión. Están relacionados. Como los sentimos tan profundos, nos paralizan muy fácilmente, y las respuestas patéticas que nos suelen dar muchos cristianos nos hacen tropezar. Estamos desesperadas por hacer las cosas más fáciles de lo que en realidad son.

Lo entiendo.

Pero en esta vida entre dos jardines todo funciona distinto. Atravesamos una decepción y luego viene otra, y otra más. Nos preparamos para la colonoscopía, pero luego nos enteramos de que saltamos de la camilla en medio del procedimiento.

¿Cuándo se detendrá esta locura? Quiero bajarme, por favor.

Todos seguimos pensando que, si podemos atravesar esta circunstancia, la vida se acomodará y la frase *felices por siempre* aparecerá en la gloriosa escena en la que saltamos alegres en el atardecer.

Pero ¿qué pasaría si la vida se acomodara y las desilusiones desaparecieran, pero eso es lo peor que podría sucederte?

¿Qué pasaría si tus "no sé" estuvieran para ayudarte y no para herirte?

¿Qué pasaría si los "no sé" te ayudaran a soltar esas cosas que no tienes que saber, porque saberlas sería una carga muy grande para ti ahora? Sin embargo, alguien que sí conoces, el Señor, es perfectamente capaz de soportarlo todo.

¿Recuerdas los versículos que acabamos de leer acerca de los problemas?

Aquí están otra vez, en el contexto de los pasajes completos:

> Estas cosas les he hablado para que en mí tengan paz. En el mundo tendrán aflicción; pero confíen, yo he vencido al mundo. (Juan 16:33)

> Por lo tanto, busquen primeramente el reino de Dios y su justicia, y todas estas cosas les serán añadidas. Así que, no

> El consuelo no es la solución que
> debemos buscar. Más bien
> es una recompensa que
> cosechamos cuando nos
> mantenemos cerca del Señor.

se preocupen por el día de mañana, porque el día de mañana traerá sus propias preocupaciones. ¡Ya bastante tiene cada día con su propio mal! (Mateo 6:33-34)

Amados hermanos, no se sorprendan de la prueba de fuego a que se ven sometidos, como si les estuviera sucediendo algo extraño. Al contrario, alégrense de ser partícipes de los sufrimientos de Cristo, para que también se alegren grandemente cuando la gloria de Cristo se revele. (1 Pedro 4:12-13)

El detalle crucial para que tengamos paz en medio de todo lo que vivimos es mantenernos cerca del Señor. Señala estas palabras en los pasajes anteriores: *en mí, busquen primeramente, partícipes.*

Pensamos que queremos consuelo en los momentos desconocidos de la vida. Pero el consuelo no es la solución que debemos buscar. Más bien es una recompensa que cosechamos cuando nos mantenemos cerca del Señor.

¿Qué pasaría si el consuelo y las certezas que hoy pedimos fueran una receta mortal para la autosuficiencia que nos alejará más y más de Dios? Hay muchos ejemplos de esto en la Biblia, pero démosle un vistazo a uno que se encuentra en Jeremías: "Quieto estuvo Moab desde su juventud, y sobre su sedimento ha estado reposado, y no fue vaciado de vasija en vasija, ni nunca estuvo en cautiverio; por tanto, quedó su sabor en él, y su olor no se ha cambiado" (Jeremías 48:11). A simple vista pareciera que la nación de Moab había hecho bien. Están cómodos. La vida parece predecible. Habían estado quietos por un largo tiempo. Nunca habían estado en cautiverio. No sabían lo que era ser tomados por sorpresa, sufrir, soportar dificultades debido a circunstancias que escapaban de su control. Sentían que la vida estaba bien, así que seguro debía ser buena. Sin desilusiones, sin dificultades. Pero este versículo dice, claramente, que eso no fue lo mejor para ellos.

El vino que se deja en el fondo y no se vierte en otra jarra termina asentado durante tanto tiempo que absorbe el aroma de la complacencia. Los vinicultores, en el tiempo de Jeremías, vertían el vino de una jarra a otra por dos razones. Primero, para que no absorbiera el sabor del recipiente. Segundo, para deshacerse de los restos o sedimentos que se asientan en el fondo e impiden que el vino sea puro.

Los moabitas no fueron sacudidos en su complacencia. Sin embargo, su cultura encontraba la satisfacción lejos de Dios y su pueblo estaba lleno de impurezas. No tenían necesidad de aprovechar la fuerza de Dios, por eso sus corazones estaban lejos de Él.

Este pueblo estaba tranquilo en una falsa sensación de seguridad. Sin atravesar desafíos y cambios, las personas tienden a estar cada vez más distantes de Dios y se resisten a sus caminos.

Los moabitas vivían en un lugar geográfico donde no llegó la invasión de los sirios y babilonios que vinieron a destruir Israel. Este pueblo no fue tocado y por eso podían entregarse a la autocomplacencia. Mientras que sus vecinos, los israelitas, se vieron obligados a depender de Dios y tuvieron que aprender a sobrevivir ante el sufrimiento, la cautividad y la esclavitud. Los israelitas parecen ser los únicos que no fueron "salvados" por Dios de las dificultades. Pero si miramos a través del lente de lo mejor a largo plazo, Israel estaba siendo fortalecida por Dios para un fin mayor.

Asentarse en la complacencia puede parecer cómodo hoy, pero, a la larga, nosotras, al igual que los moabitas, podemos sufrir más si Dios está alejado por mucho tiempo.

No te confundas: adormecernos en un falso sentido de seguridad es peor que atravesar el proceso de sufrimiento.

Hubiese sido mejor para los moabitas pasar por lo mismo que los israelitas. Ir de vasija en vasija y experimentar el sufrimiento en dosis que los hicieran tan fuertes como para manejar el sufrimiento en una mayor medida.

Es como hacerte una colonoscopía para asegurarte de que se detecte algo malo a tiempo y pueda ser tratado. O como inyectarse una vacuna antes de ir a misionar a un país donde las enfermedades son un riesgo cotidiano. Es mucho mejor exponerse un poco a la enfermedad mortal para ayudar a levantar las defensas, que exponerse y arriesgarse sin tener las fuerzas y defensas necesarias para combatirla.

Debemos probar el sufrimiento de hoy para no tener que ahogarnos en las devastaciones del mañana.

Así como tenemos que levantarnos del sofá y ponernos a entrenar si queremos obtener fuerza física, debemos ser llevadas a circunstancias que transformarán nuestro ser si queremos adquirir fuerza espiritual. En medio de nuestras desilusiones y tiempos difíciles, tenemos que buscar ser transformadas para pensar bíblicamente, procesar la verdad instintivamente y confiar en Dios implícitamente.

Debemos deshacernos de los sedimentos: la debilidad, el miedo, la complacencia y el pensamiento desesperanzado de que nuestra vida es injusta y que Dios mismo es injusto.

"Porque los que son de la carne piensan en las cosas de la carne; pero los que son del Espíritu, en las cosas del Espíritu.

Porque el ocuparse de la carne es muerte, pero el ocuparse del Espíritu es vida y paz". (Romanos 8:5-6)

Ser derramadas en vasijas nuevas puede parecer incómodo, caótico y completamente injusto en el momento. Pero es nuestra única esperanza de ver lo que Dios quiere que veamos y confiemos en Él. Eso es lo que hizo Jesús, lo que Él nos mostró. Para ser como Jesús, debemos saturarnos más de Él y menos de nuestra forma humana de interpretar las circunstancias.

No debemos alejarnos de Dios. Si queremos conocer la voluntad de Dios, su perspectiva y lo bueno que tiene preparado para nosotras, entonces no debemos conformarnos con la forma de este mundo de interpretar la vida, sino ser transformadas por la Palabra de Dios y sus caminos: "Y no adopten las costumbres de este mundo, sino transfórmense por medio de la renovación de su mente, para que comprueben cuál es la voluntad de Dios, lo que es bueno, agradable y perfecto". (Romanos 12:2)

Cuando pedimos la fortaleza de Dios, la paz, el coraje y la capacidad de superarnos y enderezar lo torcido, Él nos pondrá en circunstancias que sabe que nos prepararán para todo aquello que le hemos pedido. Es bueno que deseemos estas cualidades maduras y es bueno que Dios nos las dé. El proceso de obtenerlas no siempre se siente bien en ese momento, pero será lo mejor con el tiempo.

Entonces, ¿qué sucedió con los moabitas?

Estos versículos describen su final:

> Hemos oído la soberbia de Moab; muy grandes son su soberbia, su arrogancia y su altivez; pero sus mentiras no serán firmes. Por tanto, aullará Moab, todo él aullará; gemiréis en gran manera abatidos, por las tortas de uvas de Kir-hareset. [...] Quitado es el gozo y la alegría del campo

fértil; en las viñas no cantarán, ni se regocijarán; no pisará vino en los lagares el pisador; he hecho cesar el grito del lagarero. (Isaías 16:6-7, 10)

¿Y qué sucedió con los israelitas? Estaban lejos de ser perfectos, pero sus tiempos difíciles los vivieron cerca de Dios. Sus desilusiones se convirtieron en citas divinas, porque cuando se desesperaban por Dios, permanecían con Él, y esos eran los tiempos en que experimentaban grandes bendiciones, gozo y paz.

Isaías 43:1-5 nos muestra una visión alegre de Dios redimiendo a su pueblo. En este tiempo no estuvieron lejos de Dios. Él los sostuvo, los ayudó y los envió. ¡Y quiere hacer lo mismo con nosotras!

> Ahora, así dice Jehová, Creador tuyo, oh Jacob, y Formador tuyo, oh Israel: No temas, porque yo te redimí; te puse nombre, mío eres tú.
>
> Cuando pases por las aguas, yo estaré contigo; y si por los ríos, no te anegarán. Cuando pases por el fuego, no te quemarás, ni la llama arderá en ti.
>
> Porque yo Jehová, Dios tuyo, el Santo de Israel, soy tu Salvador; a Egipto he dado por tu rescate, a Etiopía y a Seba por ti.
>
> Porque a mis ojos fuiste de gran estima, fuiste honorable, y yo te amé; daré, pues, hombres por ti, y naciones por tu vida.
>
> No temas, porque yo estoy contigo; del oriente traeré tu generación, y del occidente te recogeré.

Cada vez que enfrentamos algo que nos hace clamar a Dios, declaremos que ese tiempo difícil será un tiempo santo, un tiempo cerca de Dios.

Si las personas que amas están pasando por un momento difícil, quiero que declares esto mismo para ellos. ¡Este tiempo difícil será un tiempo santo! ¡Un tiempo cerca de Dios! Estas desilusiones por las que todas pasamos son en realidad citas divinas para ver a Dios haciendo algo nuevo. Sacándonos de las jarras viejas de vino, que nos mantenían con pensamientos obsoletos, para verternos en jarras nuevas de mentes transformadas por la perspectiva de Cristo.

Isaías 43:18-19 dice: "Ya no se acuerden de las cosas pasadas; no hagan memoria de las cosas antiguas. Fíjense en que yo hago algo nuevo, que pronto saldrá a la luz. ¿Acaso no lo saben? Volveré a abrir un camino en el desierto, y haré que corran ríos en el páramo".

No fuimos creadas para habitar en el pasado, sino para permanecer (empaparnos y saturarnos) con Cristo en el presente.

Aquí está lo asombroso. Mientras Él me llevaba de una jarra a otra, de un tiempo difícil a otro, de una desilusión a otra, finalmente me di cuenta de cuáles eran los residuos y por qué era tan importante que me deshiciera de ellos. Ellos son todo lo que me preocupa y me deprime (la manera errada de entender por lo que estoy pasando).

Si no entendemos bien a Dios, seguramente no comprenderemos nuestras circunstancias.

Pero cuando vemos que su propósito es bueno, podemos confiar en que su proceso también lo será.

Cuando somos derramadas y purificadas, las otras circunstancias que puedan venir ya no nos molestarán como solían hacerlo. Las desilusiones no nos bajonearán como antes. Los dolores no llegarán tan profundo como antes. No nos desalentaremos ni nos descarrilaremos como antes.

No nos sorprenderán tanto cuando confiemos en que Dios está en guardia buscando fortalecernos para lo que Él ve venir: "… fortalecidos con todo poder, conforme a la potencia de su gloria, para toda paciencia y longanimidad". (Colosenses 1:11)

Más tarde, cuando venga la próxima situación difícil, nos daremos cuenta de que no nos afecta tanto como lo hubiese hecho el año pasado. Dios nos va a cambiar y reacomodar nuestros pensamientos, y nosotras le agradeceremos porque no permite que seamos las mismas.

Volviendo a mi colonoscopía. No tiene nada de divertido, pero ayuda a los doctores a ver lo que necesitan ver para que puedan saber lo que tienen que saber y, de ese modo, hacer lo que deben hacer. No es para hacernos sufrir. Es para mantenernos sanas y hasta para salvar nuestras vidas.

Los doctores saben cosas que nosotras no sabemos. A un nivel mucho más importante, Dios es igual.

No quiero dejar este capítulo sin equiparte con algunos versículos bíblicos poderosos para declarar, mientras confías en Dios con todo lo que estás atravesando y lo que atravesarás. En Salmos 145:18 se nos asegura que: "Cercano está Jehová a todos los que le invocan, a todos los que le invocan de veras".

A los que le invocan de veras: eso es lo más importante. Cuando expresamos la verdad de Dios, derrotamos las mentiras del enemigo. Mientras buscaba cuáles eran las partes más vulnerables para ser controladas mediante esas mentiras, creé esta lista. El enemigo trata de afianzarse en esto:

Afectos: mi corazón, lo que amo
Adoración: mi boca, lo que adoro
Atención: mi mente, en qué me enfoco

Atracción: mis ojos, lo que deseo
Ambición: mi llamado, en qué invierto mi tiempo
Acción: mis elecciones, cómo me mantengo firme

Por eso, en este capítulo quiero equiparte con Escrituras para cada una de estas áreas. Mi amiga Ellie Holcomb las llama "palabras de victoria". Son aquellos versículos que recitamos en momentos o situaciones de vulnerabilidad. Escribió una canción increíble con este título que dice:

> Combate las mentiras con la verdad, oh-oh
> Mantén mis ojos en ti
> Cantaré la verdad en la oscuridad
> Usaré mis palabras de victoria.

Esta no solo es una hermosa canción. Usar las verdades de Dios como palabras de victoria no cambiará **lo que** ves, pero cambiará completamente **cómo** lo ves.

Tuve que hacer esto hace solo unos días.

Luego de obtener una segunda opinión en mi diagnóstico de cáncer, regresaba a casa y vi una niña llorando en el avión. Ni siquiera intentaba detener las lágrimas que caían por su rostro. Era como si su corazón estuviera tan cargado que se inundaba y salía por sus ojos, recorría su cara hasta su mandíbula y se desplomaba justo en su regazo.

No tuve que preguntarle qué le sucedía.

Ya lo sabía.

Estaba mirando mi propio reflejo en la ventana del avión.

Era yo.

Era yo entrando en ese lugar donde las lágrimas tal vez nunca se detendrían. Habían formado un río y amenazaban con hundirme en esa desesperanza. Sin embargo, como nos recuerda Lamentaciones 3:21-23, debemos esperar y recordar la verdad:

> Esto recapacitaré en mi corazón, por lo tanto, esperaré. Por la misericordia de Jehová no hemos sido consumidos, porque nunca decayeron sus misericordias. Nuevas son cada mañana; grande es tu fidelidad.

Necesitaba palabras de victoria, porque en ese momento me llenaba de tristeza entrar en otra desilusión tan grande. Sin embargo, sabía que si comenzaba a declarar la verdad, mi perspectiva en algún momento cambiaría y mis lágrimas se secarían, al menos por unos minutos. Al menos lo suficiente como para no llenar de lágrimas a las personas que me rodeaban, por el amor de Dios. No quería que nadie sufriera por mi culpa. La historia de la colonoscopía ya era suficiente.

Así que aquí van algunas palabras de victoria para cuando estés sobrecargada, cuando te agarren por sorpresa o solo estés cansada en general por algún viaje en ese tren de las desilusiones.

Cuando estés viviendo situaciones desconocidas, el Espíritu Santo te hará saber todo aquello que el Padre sabe que te ayudará.

> Aún tengo muchas cosas que decirles, pero ahora no las pueden sobrellevar. Pero cuando venga el Espíritu de verdad, él los guiará a toda la verdad; porque no hablará por su propia cuenta, sino que hablará todo lo que oiga, y les hará saber las cosas que habrán de venir. Él me glorificará, porque tomará de lo mío y se lo hará saber. Todo lo que tiene el Padre es mío; por eso dije que tomará de lo mío, y se lo dará a conocer a ustedes. (Juan 16:12-15)

Usar las **verdades** de Dios como palabras de victoria no cambiará *lo que* ves, pero cambiará completamente *cómo* lo ves.

Palabras de victoria

Afectos: mi corazón, lo que amo

Amo al Señor y sé que Él me ama. Hoy, en medio de mi situación declaro que Él me rescatará, me protegerá, porque reconozco su nombre. Puedo descansar segura de que cuando lo llame, Él me responderá. Cuando Satanás intente alejarme, recordaré que con el Señor nunca estoy sola. Él prometió que estaría conmigo, me guiaría y me honraría en medio de mis tiempos más difíciles. Por eso ahora me aferro a estas promesas y las creo en mi vida.

> Por cuanto en mí ha puesto su amor, yo también lo libraré;
> Le pondré en alto, por cuanto ha conocido mi nombre.
> Me invocará, y yo le responderé;
> Con él estaré yo en la angustia;
> Lo libraré y le glorificaré.
>
> (Salmos 91:14-15)

El Señor me ha dado un corazón para conocerlo, para declarar que Él es el Señor. En este momento, entrego todo mi corazón y mis afectos para alinearme y vivir estas verdades. Soy suya, Él es mi Dios. El Señor de todo. De mis desilusiones, de mis temores y de lo desconocido. Con su seguridad en mi corazón, puedo avanzar y saber que Él me sostiene.

> Y les daré corazón para que me conozcan que yo soy Jehová;
> y me serán por pueblo, y yo les seré a ellos por Dios; porque
> se volverán a mí de todo su corazón. (Jeremías 24:7)

Declaro ahora que no le temo a las malas noticias o a las cosas difíciles que tenga que enfrentar. No tienen ningún control sobre mi corazón o mi relación con Jesús. Al contrario, me aferraré a las verdades de Dios. Que nunca cambian, sin importar las noticias que reciba. Construiré las bases de mi vida sobre la verdad. Mi corazón pertenece al Señor y confío en Él plenamente, aunque mis sentimientos me lleven a dudar de sus bondades. La verdad tiene la última palabra, no los sentimientos.

No tendrá temor de malas noticias; su corazón está firme, confiado en Jehová. (Salmos 112:7)

Adoración: mi boca, lo que adoro

Mi mayor deseo es que las palabras de mi boca y las reflexiones de mi corazón sean agradables a los ojos de Dios. Que representen lo que Él está haciendo en mí, por mí y a través de mí. No quiero que mis palabras ni mis pensamientos se alineen con los del enemigo. Por eso rindo a Jesús cada pensamiento y cada palabra dicha, para que Él pueda redimirlas y ser el verdadero centro de mi adoración. Nada tendrá un lugar mayor en mi vida que el Señor, mi roca y mi redentor.

Sean gratos los dichos de mi boca y la meditación de mi corazón delante de ti,
Oh Jehová, roca mía, y redentor mío. (Salmos 19:14)

Mis épocas de dolor se componen de muchas horas, días, meses y años. A veces se vuelven insoportables. Pero recuerdo que Dios se preocupa tanto por mí que ha puesto su sabiduría en la Palabra para guiarme a través de estos tiempos de desilusión. La verdad me dice que puedo orar y así elevar mis emociones y mis conflictos a Aquel que conoce cada detalle íntimo de mi situación. Entonces, cuando estoy animada, la verdad me dice que cante alabanzas; por eso elevo mi voz para adorar a mi Dios en todo tiempo, porque Él ha sido muy bueno conmigo.

¿Está alguno entre vosotros afligido? Haga oración. ¿Está alguno alegre? Cante alabanzas. (Santiago 5:13)

Alabaré al Señor con todo mi corazón para elevar mi amor por Él y reducir cualquier afecto que tengo por otros ídolos en mi vida. Solo el Señor es fiel y digno de mi alabanza. Él me ha mostrado un amor que nunca falla y me ha fortalecido en su nombre. Las mentiras y tentaciones de Satanás para que adore otras cosas no pueden competir con el amor que he recibido del Señor. Por el resto de mis días elijo exaltar al Señor y cantar de sus caminos. Solo Él me ha salvado con su mano y lo glorificaré en todo lo que diga y haga.

> Te alabaré con todo mi corazón;
> Delante de los dioses te cantaré salmos.
> Me postraré hacia tu santo templo,
> Y alabaré tu nombre por tu misericordia y tu fidelidad;
> Porque has engrandecido tu nombre, y tu palabra sobre todas las cosas.
> El día que clamé, me respondiste;
> Me fortaleciste con vigor en mi alma.
> [...]
> Si anduviere yo en medio de la angustia, tú me vivificarás;
> Contra la ira de mis enemigos extenderás tu mano,
> Y me salvará tu diestra.
>
> (Salmos 138:1-3, 7)

Atención: mi mente, en qué me enfoco

La vida a veces puede ser un torbellino alrededor de mí. Amenaza con robarme la esperanza, la paz y el gozo. Pero ahora declaro que no seré arrastrada por una tormenta de miedo y emociones descontroladas. El Señor me ha prometido que me mantendrá en completa paz mientras mis pensamientos estén centrados en Él. Reconozco que voy a dirigirme hacia donde mire, por eso debo tener cuidado en qué me concentro. Si me mantengo mirando hacia cosas malas, iré en la dirección equivocada. En este momento, elijo mantener mi atención en el Señor. Elijo enfocarme en confiar en Él y creer en sus promesas. Entonces, mientras dirija mi atención hacia Él, su paz vendrá e inundará mi corazón y tranquilizará mi mente ansiosa.

> Tú guardarás en completa paz a aquel cuyo pensamiento en ti persevera; porque en ti ha confiado. (Isaías 26:3)

Mi enemigo, el diablo, anda merodeando y rugiendo, buscando devorarme. Él es despiadado, pero no tendrá la victoria en mi vida. Hoy declaro que no seré una de sus víctimas y tampoco me atemorizaré. En cambio, seré una mujer que está despierta y alerta. Que con la ayuda de Dios piensa claramente, elige sabiamente y vive acorde a sus caminos. Por medio de su Palabra, el Señor me hace más sabia que mi enemigo y sé que mi Dios me mantiene a salvo.

> Sean prudentes y manténganse atentos, porque su enemigo es el diablo, y él anda como un león rugiente, buscando a quien devorar. (1 Pedro 5:8)

Soy consciente de que aquello que consume mi mente controla mi vida. Hoy declaro que no me dejaré controlar por las mentiras del enemigo o por mis propias dudas y temores. Soy una mujer que elige escuchar la sabiduría de Dios y abrir los oídos a su Palabra. Cuando el enemigo quiera robarme el enfoque y llenar mi corazón de miedo, intencionalmente yo cerraré mis oídos a él. La voz de Dios, a través de su Palabra, es la única que escucharé. Él me ayudará a tener un buen juicio. Él me dará la capacidad de hablar con sabiduría y conocimiento. Me guiará y me dirigirá en todo lo que diga y haga, sin importar lo que se cruce en mi camino.

> Hijo mío, está atento a mi sabiduría,
> Y a mi inteligencia inclina tu oído,
> Para que guardes consejo,
> Y tus labios conserven la ciencia.
>
> (Proverbios 5:1-2)

Atracción: mis ojos, lo que deseo

Al enemigo le encanta distraerme, descarrilarme y destruirme, pero yo elijo fijar mis ojos en el Señor y en el camino de integridad que Él eligió para mí. Con el Señor de mi lado, soy una mujer valiente, una mujer que examina bien sus decisiones y piensa antes de actuar. No me desviaré hacia la derecha o la izquierda, andando ciegamente por sendas que me guiarán a la destrucción, sino que seré una mujer que se mantiene en los pasos del Señor, sabiendo que Él afirma y asegura mi camino.

> Tus ojos miren lo recto,
> Y diríjanse tus párpados hacia lo que tienes delante.
> Examina la senda de tus pies,

Y todos tus caminos sean rectos.
No te desvíes a la derecha ni a la izquierda;
Aparta tu pie del mal.

(Proverbios 4:25-27)

Hoy declaro que no volveré atrás ni me rendiré. El Señor me ha traído hasta aquí, me ha cambiado y me ha ayudado. Con Él estoy en el camino correcto y continuaré dándole todo lo que soy. No viviré poniendo la vista en cosas terrenales, siguiendo las reglas de este mundo o dejándome llevar por mis propios deseos. ¡Fui creada para mucho más! ¡Soy una ciudadana del cielo! Estoy aguardando la llegada de mi Salvador, de mi Jesús, el único que transformará este cuerpo cansado en un cuerpo glorioso como Él. Él me hermoseará y me completará. No me abandonará y yo no dejaré de vivir para Él.

Así que, todos los que somos perfectos, sintamos esto mismo; y si ustedes sienten otra cosa, también esto se lo revelará Dios. Pero en aquello a que hemos llegado, sigamos una misma regla y sintamos una misma cosa.

Hermanos, sean ustedes imitadores de mí, y fíjense en los que así se conducen, según el ejemplo que ustedes tienen de nosotros. Porque por ahí andan muchos, de los cuales muchas veces les dije, y llorando vuelvo a decirlo, que son enemigos de la cruz de Cristo. Ellos sólo piensan en lo terrenal. Su dios es el vientre, su orgullo es su vergüenza, y su fin será la perdición. Pero nuestra ciudadanía está en los cielos, de donde también esperamos al Salvador, al Señor Jesucristo; él transformará el cuerpo de nuestra humillación, para que sea semejante al cuerpo de su gloria, por el poder con el que puede también sujetar a sí mismo todas las cosas. (Filipenses 3:15-21)

Al enemigo le encanta envolverme con las tentaciones terrenales y que me rinda ante la atracción constante de los placeres físicos. El anhelo insaciable de todo lo que veo o el orgullo que viene con los logros y que me hace querer tener más. Ante ello declaro que estoy por encima del adversario y sus caminos de maldad. Sé que buscar placer fuera de la voluntad de Dios no es lo mejor para mí. Esos placeres tal vez ahora sean divertidos, pero en algún momento me harán sufrir. Los placeres equivocados traerán insatisfacción, depresión y destrucción. Por eso, elijo seguir a Jesús con todo el anhelo de mi corazón. Declaro que no soy débil frente a las grandes tentaciones. El Señor es el que me fortalece y el que satisface mi alma.

> Porque todo lo que hay en el mundo, los deseos de la carne, los deseos de los ojos, y la vanagloria de la vida, no proviene del Padre, sino del mundo. (1 Juan 2:16)

Ambición: mi llamado, en qué invierto mi tiempo

Como una mujer que comparte el llamado celestial, que reconoce a Jesús como su apóstol y mayor sacerdote, declaro que seguiré los propósitos para los que Dios me creó. Cuanto más me afirme en mi llamado, más satisfacción tendré. Tal vez no sepa todos los detalles de mi gran llamado, pero hoy mismo acepto mi misión. Buscaré a otros que necesiten el mismo consuelo que Dios me dio en mis dolores y decepciones y les ofreceré ayuda y esperanza. Al completar mi misión de hoy, seguramente descubriré sus propósitos para mi futuro. Cuando me enfoco más en Él, conozco mejor sus planes. Solo Él es digno de mi admiración y capaz de redimir todos mis pensamientos y los pasos que dé de aquí en adelante.

Por lo tanto, hermanos santos, que tienen parte del llamamiento celestial, consideren a Cristo Jesús, el apóstol y sumo sacerdote de la fe que profesamos. (Hebreos 3:1)

A veces olvido que no estoy sola en mi sufrimiento. Aquellos que partieron antes que yo están alentándome desde los lugares celestiales. Eso me recuerda que debo seguir adelante, abandonar el peso que me detiene y no quitar la vista de Jesús, quien nunca perdió de vista su misión de glorificar a Dios con su vida en la tierra. Hoy reclamo mi lugar en la carrera y me comprometo a perseverar.

Por tanto, nosotros también, teniendo en derredor nuestro tan grande nube de testigos, despojémonos de todo peso y del pecado que nos asedia, y corramos con paciencia la carrera que tenemos por delante, puestos los ojos en Jesús, el autor y consumador de la fe, el cual por el gozo puesto delante de él sufrió la cruz, menospreciando el oprobio, y se sentó a la diestra del trono de Dios. (Hebreos 12:1-2)

Soy la obra maestra de Dios. El trabajo de sus manos. Creada en Cristo Jesús para hacer las buenas obras que Él preparó para mí. En este día declaro que veré las cosas que vengan a mí como el plan perfecto de Dios para desarrollar mi carácter y poder responder a mi llamado. Caminaré en sus propósitos para mi vida y lo alabaré el resto de mis días por la manera en que me creó.

Porque somos hechura suya, creados en Cristo Jesús para buenas obras, las cuales Dios preparó de antemano para que anduviésemos en ellas. (Efesios 2:10)

Acción: mis elecciones, cómo me mantengo firme

Confieso que hay muchos días en los que creo la mentira de que no tengo ayuda ni esperanza. Sin embargo, hoy declaro esperanza y verdad sobre mi vida. La preciosa y poderosa Palabra de Dios me equipó y me bendijo, es firme y segura. Puedo afirmarme en ella y sostenerme. Puedo seguir avanzando, hoy y todos los días. Porque el mismo aliento de Dios, en esta página, me da esperanza y vida. Así es, Dios me ama y por eso me equipa. Hoy elijo fijar mis ojos en su Palabra. Llenar mi corazón de la esperanza que tengo en Él. Dejar que el amor y la gracia de su Hijo Jesucristo me fortalezca y aliente para todo lo que Él me ha llamado a hacer.

> Por lo tanto, hermanos, manténganse firmes y retengan la doctrina que personalmente y por carta les hemos enseñado. Que nuestro Señor Jesucristo mismo, y nuestro Dios y Padre, que nos amó y nos dio consuelo eterno y buena esperanza por gracia, les infunda ánimo en el corazón y los confirme en toda buena palabra y obra. (2 Tesalonicenses 2:15-17)

Admito que paso mucho tiempo ansiosa y preocupada, cuando en lugar de eso debería estar agradecida a Dios todos los días. Hoy será el día en que daré gracias en vez de caer en la preocupación. Hoy será el día en que oraré por lo que me causa dolor y el día en que recibiré la paz de Dios que siempre estuvo destinada a vivir dentro de mí. Pensaré en aquellas cosas que son verdaderas, honorables, dignas de respeto, justas, bíblicas, puras, admirables y buenas para mí. Por el resto de mis días habitaré en lo excelente y lo que es digno de alabanza, manteniéndolo cerca de mi corazón.

Así que, hermanos míos, amados y deseados, gozo y corona mía, ¡manténganse firmes en el Señor, amados! [...] No se preocupen por nada. Que sus peticiones sean conocidas delante de Dios en toda oración y ruego, con acción de gracias. Y que la paz de Dios, que sobrepasa todo entendimiento, guarde sus corazones y sus pensamientos en Cristo Jesús. Por lo demás, hermanos, piensen en todo lo que es verdadero, en todo lo honesto, en todo lo justo, en todo lo puro, en todo lo amable, en todo lo que es digno de alabanza; si hay en ello alguna virtud, si hay algo que admirar, piensen en ello. (Filipenses 4:1, 6-8)

Cuando me pierda en esos sentimientos de dificultad o mis pensamientos empiecen a desviarse hacia un lugar poco saludable, recordaré que Dios nunca cambia. Siempre es verdadero y nunca deja de cumplir sus promesas. Él nunca llega tarde, siempre es digno de confianza y me ama más de lo que puedo llegar a comprender. Puedo confiar y descansar en Él.

Dios no es hombre, para que mienta,
Ni hijo de hombre para que se arrepienta.
Él dijo, ¿y no hará?
Habló, ¿y no lo ejecutará?

(Números 23:19)

Cuando declaramos estas palabras de victoria y las vivimos, estaremos fortalecidas, confiadas y listas para vencer las mentiras crueles de Satanás con la poderosa verdad de la Palabra de Dios.

Vamos a la fuente

EL CONSUELO NO ES LA SOLUCIÓN QUE DEBEMOS buscar. Más bien es una recompensa que cosechamos cuando nos mantenemos cerca del Señor.

RECUERDA

- Adormecernos en un falso sentido de seguridad es peor que atravesar el proceso de sufrimiento.
- Para ser como Jesús, debemos saturarnos más de Él y menos de nuestra forma humana de interpretar las circunstancias.
- Estas desilusiones por las que todas pasamos en realidad son citas divinas para ver a Dios haciendo algo nuevo.
- Si no entendemos bien a Dios, seguramente no comprenderemos nuestras circunstancias.
- Cuando expresamos la verdad de Dios, derrotamos las mentiras del enemigo.
- Usar las verdades de Dios como palabras de victoria no cambiará *lo que* ves, pero cambiará completamente *cómo* lo ves.

RECIBE

... fortalecidos con todo poder, conforme a la potencia de su gloria, para toda paciencia y longanimidad.

(Colosenses 1:11)

También puedes leer:
Números 23:19
Salmos 19:14; 91:14-15; 112:7; 138:1-3, 7; 145:18
Proverbios 4:25-27; 5:1-2
Isaías 16:6-7, 10; 26:3; 43:1-5, 18-19
Jeremías 24:7; 48:11
Lamentaciones 3:21-23
Mateo 6:33-34
Juan 16:12-15, 33
Romanos 8:5-6; 12:2
Efesios 2:10
Filipenses 3:15-21; 4:1, 6-8
2 Tesalonicenses 2:15-17
Hebreos 3:1; 12:1-2
Santiago 5:13
1 Pedro 4:12-13; 5:8
1 Juan 2:16

REFLEXIONA

- ¿Qué pasaría si tus "no sé" estuvieran para ayudarte y no para herirte? Incluso ahora, ¿qué cosas positivas puedes ver en tu tiempo de desilusión?
- ¿Qué comodidades y certezas ansías ahora que pueden llevarte a una autosatisfacción que, con el tiempo, terminen alejándote de Dios?
- Todas necesitamos tener palabras de victoria a mano para poder declarar la verdad de Dios sobre nuestras situaciones difíciles. Al final de este capítulo, ¿qué declaraciones hablaron más a tu corazón y a tus circunstancias?

Padre:
- -

Yo quiero parecerme cada vez más a ti. Quiero pensar más como Tú. Quiero actuar como si hubiera pasado cada vez más tiempo contigo. Derrámame para quitar los sedimentos del pensamiento erróneo, de la interpretación incorrecta de los sucesos y de las reacciones equivocadas. Derrámame justo en medio de las circunstancias que me hagan sentir desesperada por tu toque. Quiero conformarme a ti, para ser transformada al absorber tu esencia. Creo en ti. Confío en ti. Hazme más como Tú, te pido.

En el nombre de Jesús. Amén.

Capítulo 11

TODO
AL REVÉS

Para que lo sepas, desearía poder quitar cada decepción que mordisquea los bordes de tu felicidad y encalla en tu corazón. Las decepciones grandes y las pequeñas. Una herida del pasado o un corazón roto en el presente. Desearía que nos pudiésemos juntar en la comodidad de mi cocina blanca, con platos en el fregadero y ropa limpia en la mesa esperando a ser doblada. Te ofrecería unas galletas tibias y susurraría un: "Te entiendo. Hablemos".

Yo podría compartir mis problemas y tú los tuyos.

Es probable que primero deambulemos entre historias de las pequeñas locuras de la vida. Como la vez que mi bolso de maquillaje se mezcló con el de mi hija. Nada grave, soy flexible como para usar el de ella. La luz no era muy buena donde me maquillaba, así que todo lucía bien.

Hasta que llegué a la oficina.

Entré al cuarto de baño, que estaba súper iluminado, y cuando me vi en el espejo casi me da un síncope. Mis... cejas... eran... ¡violetas! No era lápiz de cejas lo que había usado unas horas antes. Era el delineador de ojos color violeta. La gente había interactuado conmigo todo el día sin decirme nada. ¡Qué amables!

O la vez que me convencí a mí misma de que la bellísima blusa que estaba en liquidación me entraría bien. Quiero decir, sabía que la etiqueta decía que era dos tallas menos que la mía, pero cuando se quiere, se puede, ¿verdad? Bueno, no tanto. Me atoré. Mis brazos estaban levantados y ya a medio camino, cuando de pronto me di cuenta de que no me podía mover. Mi rostro estaba cubierto con el cuerpo de la blusa, por lo tanto, tampoco podía ver. Los pequeños "flotadores" de mi cintura eran lo único que estaba libre como un pájaro cuando me vi obligada a salir a ciegas al medio de la tienda y chillar: "Emm, necesito un poco de ayuda".

¿Por qué me siguen sucediendo estas cosas a mí?

Una vez que nos hayamos reído juntas, pasaríamos a los temas profundos. Las desilusiones más grandes. Las cosas más difíciles de procesar.

Y ambas coincidiríamos en que la vida no debería ser así. Esta vida entre dos jardines es confusa y complicada. El polvo es engorroso.

No nos gusta siquiera tocar el polvo, especialmente si está hecho de los pedazos de nuestro propio corazón roto.

Por suerte, no tenemos que hacerlo. Podemos entregárselo a Dios. Aquel que transforma nuestro polvo en algo que queremos, pero que nunca podríamos haber hecho por nuestra propia cuenta.

Asentiríamos con la cabeza de acuerdo con esto último.

Luego, yo compartiría un par de versículos que realmente me ayudaron. Pero te advertiría que puede que el primero de ellos no te caiga tan bien a simple vista.

Pero es mejor lidiar con la verdad que regodearse en la tormenta. Entonces, abriría el libro de Santiago, capítulo 1. Recitaría los versículos del 2 al 4 de memoria, lo cual debería tranquilizarte. Con esta verdad yo luché personalmente contra la tormenta más de una o dos veces: "Hermanos míos, considérense muy dichosos cuando estén pasando por diversas pruebas. Bien saben que, cuando su fe es puesta a prueba, produce paciencia. Pero procuren que la paciencia complete su obra, para que sean perfectos y cabales, sin que les falta nada". (Santiago 1:2-4)

Te confesaría que me gustan estos versículos, hasta que me dejan de gustar. Son fáciles de recitar cuando tu peor problema es que los empleados de la cafetería se equivocaron en tu pedido hoy. Te dieron el café helado cuando habías pedido caliente y eso arruinó tu mañana laboral. Grrrrr. Pero luego le agregaste un poquito de Jesús a eso y te sentiste muy madura al poder encontrar gozo en esa situación.

¿Pero, qué hay sobre esas otras cosas que tenemos que atravesar? Las que duelen por mucho tiempo o las que nos desilusionan profundamente o las que sentimos como devastadoramente eternas.

Arrojar unos versículos de "deberíamos sentir gozo de esta situación" sobre las cosas difíciles es, cuando menos, algo cruel. Como una mala broma sobre un tema terriblemente doloroso. Es demasiado pronto para esa clase de tonterías.

Eso es lo que me alegra de estos versículos, que no dicen: "siente el gozo", sino que dicen: "encuentren dónde puede haber algún destello de gozo aun en medio de todo el dolor".

Compartiría contigo la historia de mi amiga Angie. Quizás hasta podríamos invitarla. Ella es un alma hermosa, afirmada por iguales cantidades de risa a carcajadas y profundo dolor. Su bebé, Audrey, pasó del vientre al cielo en cuestión de minutos. Es decir que no jugaría a tomar el té con sus hermanas. No habría secretos compartidos con sus mejores amigas. Ni fiestas de cumpleaños o salidas a la juguetería con su papá.

Solo el dulce legado de que completó su propósito aquí más rápido que todos y pudo crear todos esos recuerdos con Jesús.

Pero su mamá todavía llora por ella. Los brazos de Angie se mueren por abrazarla y sus ojos todavía desean verla crecer.

Fue justo antes del cumpleaños número nueve de Audrey, cuando me llegó un mensaje de Angie diciendo que una pintura que le había encargado a una pintora amiga para el Ministerio Proverbios 31 la había dejado sin aliento. Angie la había visto en las redes sociales y se parecía tanto a como ella imaginaba que Audrey luciría ahora a los nueve. Había detalles en la pintura que la artista nunca podría haber sabido, excepto por inspiración divina. Angie lloró apenas la vio.

El problema era que la pintura ya había sido vendida.

Entonces su esposo Todd y yo contactamos a la artista que, aún con más precisión, hizo otro original para Angie. Justo antes de que Todd sorprendiera a su esposa con una visita al estudio para buscar su tesoro, le envié a Deann, la artista, una nota para que garabateara en el reverso de parte mía. Decía:

> Querida Angie:
> Audrey no fue olvidada. Ni tampoco lo fuiste tú. Dios quería que tuvieras una foto de tu bellísima hija de nueve años para asegurarte que ella está bien. La verás de nuevo. Pero, hasta entonces, la puedes mirar aquí. Hermosa. Completa. Tan orgullosa de su mami. Dios se presenta de formas maravillosas. Hoy lo hizo por medio de las pinceladas de Deann.
>
> Te quiero,
> Lysa

En este punto de nuestra conversación, abriría el perfil de Instagram de Angie y te mostraría lo que ella escribió en respuesta. Me consoló profundamente. Sus palabras me dieron mucha esperanza en medio de mi propio dolor. Porque, a veces, cuando no puedes encontrar apoyo en tu propia fe, solo tienes que ir y pararte en la fe del otro por un rato.

Ella escribió:

> La bondad del Señor es más de lo que puedo, siquiera, empezar a comprender.
> Verdaderamente, es uno de los mejores días de mi vida. Nunca, nunca olvidaré el modo en que Lysa escribió una dedicatoria en el reverso del cuadro para Audrey… y cómo las pinceladas de Deann le dieron vida a mi ángel.
> Estoy abrumada. Tengo lágrimas de gratitud.

♥ Gracias, Señor… Voy a publicar más fotos para que todos puedan verla mejor: es tan, tan espectacular. Estoy completamente maravillada.

Ella dijo que estaba derramando *lágrimas de gratitud.* ¿Puedo decir que esta es una de las mejores descripciones que he oído sobre lo que significa poder encontrar gozo en medio de una inimaginable desilusión?

Ella lo entendió.

Vivir es amar. Amar es correr el riesgo de sufrir. Correr el riesgo de sufrir es vivir. Eso es lo que significa ser verdaderamente humanos. Frágiles como el polvo. Rompernos. Volver a armarnos. Construir nuestra fe.

Las lágrimas son la conexión más pura que tenemos con los demás y la confianza es la conexión más pura que tenemos con Dios. Las lágrimas de gratitud de Angie tocaron una parte muy profunda de mí y me ayudaron a pensar con un corazón de gratitud y confianza mientras batallaba con mis propias lágrimas.

¿Y acaso no se reduce todo a eso? Confianza. Intercambiar nuestra voluntad por "su voluntad", porque sabemos que Él hará.

———— ✦ ————

Entender la manera de percibirlo todo con gozo, dependerá de si confiamos verdaderamente en Dios en medio de lo que nuestra mente humana considera como algo malo. Es difícil. Por eso me gusta pensarlo en términos de cocina. Imagínate que hoy decidimos hornear un pastel.

No del modo "fui a la tienda y compré uno de la pastelería, lo puse en mi fuente y solo sonreí mientras la gente halagaba mi obra maestra". No así.

Hablo de un pastel para el que compramos cada ingrediente en la tienda y los usamos para una receta desde cero.

Al volver de la tienda, desplegamos todos los elementos en la mesa: harina, manteca, azúcar, vainilla, huevos, polvo para hornear y una pizca de sal. Pero luego, quizás nos sentimos muy cansadas para mezclarlo todo y hacer el pastel. En cambio, pensamos que podríamos tan solo disfrutar del pastel de a un ingrediente a la vez. El problema es que a veces no nos gustan algunos de los ingredientes en particular, entonces preferimos dejarlos afuera.

La harina es muy seca, déjala afuera.

El azúcar, la manteca y la vainilla son todas buenas, ¡ponlas dentro!

Los huevos son desagradables cuando están crudos, ¡definitivamente quítalos!

Y así nuestro pastel nunca llegaría a madurar y estar completo, sin que le falte nada.

Somos tan veloces en juzgar la calidad de nuestra vida y la veracidad de Dios basándonos en situaciones individuales, en vez de ver las cosas buenas que a su tiempo Dios está preparando para nosotras.

Debemos saber que, tal como el maestro pastelero tiene razones para poner la justa medida de harina y huevos en su receta, Jesús, el autor y perfeccionador de nuestra fe, hará lo mismo con los momentos áridos y difíciles en nuestra vida. Y sí, tal vez tengamos que pasar por un poco de caos en la mezcla y un poco de calor en el horno, pero pronto nos levantaremos y viviremos vidas que son una dulce ofrenda de esperanza, gracia, paz y consuelo para los demás.

Así es como podemos apreciar el gozo hoy. Hay un propósito en el dolor y hay gozo en el desarrollo de una vida con Jesús.

Confianza.

Intercambiar
nuestra voluntad
por "su voluntad",
porque sabemos
que Él hará.

Santiago continúa para mostrarnos en qué podemos fijar nuestra mirada mientras perseveramos en este gozo: "Bienaventurado el varón que soporta la tentación; porque cuando haya resistido la prueba, recibirá la corona de vida, que Dios ha prometido a los que le aman". (Santiago 1:12)

Oh, ¿puedes imaginarlo? ¿Ser considerada digna de recibir una corona de vida? ¿Recuerdas cómo le pusieron una corona de espinas a Jesús? Qué buena imagen de cómo percibimos nuestra tristeza hoy, como una corona de espinas. Pero esa horrible corona es un presagio de la forma en que la eternidad va a cambiarlo todo. Todo estará al revés en la eternidad. La aflicción se transformará en gozo. El sufrimiento, en gritos de agradecimiento. Las coronas de espinas, en coronas de oro hechas a medida para un rey.

Investigué un poco acerca de esta corona de vida. Será entregada a aquellos llamados al servicio especial para el Rey por su compromiso con Él. Puede que se hayan roto sus corazones en sus vidas terrenales, pero nunca se quebró su espíritu. Ellos confiaron en Jesús. Lo amaron. Se preocuparon por la gente hasta el final. Pero en vez de regodearse en la pena, simplemente dejaron que Jesús transformara su polvo en una pieza de alfarería, bella y fuerte y útil para un propósito noble.

Y luego, conforme a sus corazones completamente enamorados de Jesús, cuando entren a la eternidad y reciban sus coronas, muchos académicos de la Biblia afirman que las rendirán de inmediato a los pies de Jesús, agradecidos de tener un obsequio para entregarle al Rey.

¡Cuánto gozo! Aun después de ceder sus coronas, estas personas continuarán cargando el honor que se les ha otorgado. Serán designados como aquellos a los que Jesús considera sus mejores amigos.

Podría llorar de tan solo pensar en esto.

Quiero vivir cada minuto de cada día considerando el gozo de hoy mismo y el gozo de aquel día.

Te susurraría todo esto mientras nos sentamos juntas comiendo galletas, porque somos almas gemelas. Un segundo, estaríamos compartiendo nuestras cosas con palabras. Y al siguiente, con simples lágrimas. Pero el dolor que ambas sentimos no necesitaría que llenemos los espacios de silencio o que demos mucho detalle, porque nos entendemos. Luego, yo insistiría en que tomáramos pequeños bastidores y nos pusiéramos a pintar. Quizás tú no quieras, pero yo te aseguraría que no tenemos que preocuparnos mucho por pintar obras maestras. Las personas son las obras maestras. Tú eres creativa porque eres la mejor creación de Dios, y sus huellas y pinceladas danzan dentro de ti. Después, sostendría mi listado de reglas para el que esgrime un pincel y despejaría mi garganta con dramatismo.

- Todas debemos intentarlo.
- Date permiso para no ser perfecta.
- Niégate a dejarte intimidar por el proceso.
- La belleza más grande surgirá de las pinceladas de aquellos que son libres del temor.
- Sonríe. A mí ya me encanta lo que dentro de poco cobrará vida en tu bastidor.

Nos relajaríamos y observaríamos que estas reglas también sirven para la vida.

Luego pintaríamos. Y tú descubrirías que, de hecho, te gusta hacerlo. Tu obra saldría increíble y juntas pensaríamos el lugar perfecto para colgarla en tu casa. Es una pequeña victoria para ambas. Estamos saliendo poco a poco de nuestro escondite. Se siente bien ser vulnerable con la obra de arte y entre nosotras.

Finalmente, pondríamos a preparar café y seguro pronto necesitaríamos papas fritas con queso también. Así que subiríamos al auto. Encenderíamos la música. Bajaríamos las ventanas. Y visitaríamos ese lugar mejicano en el que le ponen sombreros a los cumpleañeros sonrojados y ofrecen guacamole gratis los martes.

Tendríamos esa actitud de "estoy despeinada y no me importa" mientras nos perdemos en risas por un momento y, al instante siguiente, en pensamientos profundos. Sin duda, nos mancharíamos la blusa blanca con salsa y los jeans con lágrimas.

Perderíamos noción de la hora. Me acercaría y te daría un abrazo mientras exhalo e interrumpo la conversación diciendo: "¡Uf! Todo esto. Todo esto".

Luego sería hora de volver cada una a su casa. Pero, antes de irnos, sacaría mi diario íntimo y te leería una cosa más.

Es un diálogo entre Dios y Jesús que tan solo escupió mi bolígrafo en mi cuaderno un día.

No es profecía. Ni tampoco intento pregonar palabras divinas que no soy quién para dar. Pero, cuando esta alegoría vino a mí, se asentó en mi alma y sentí que era bueno, tanto para mí como para ti.

La llamo "Todo al Revés" y, haciendo un gesto de asentimiento con mi cabeza, te la dedicaría a ti.

El Hijo volteó la cabeza y dijo de manera inquisitiva:

—Hmmm..., Padre, esas son palabras un poco extrañas para adjudicarle a esta vida. ¿Podemos elegir otras? Tengo unas sugerencias fantásticas para ella.

Es optimista y fuerte. Es empática y compasiva. Es buena y generosa, y se preocupa mucho por los demás.

Es profunda a la hora de pensar y de sentir también. Es única, Padre. Sí, es única.

—Lo sé. Y es por eso que debe estar al revés.

—Padre, cuando crezca no creo que le guste que le hayas dado esas palabras. Creo que te cuestionará: "¿Por qué me hiciste esto?".

El Padre respondió:

—Seguramente me va a cuestionar. Su pregunta favorita será: "¿Por qué?". Y le será útil. Pues en la lucha incesante aprenderá algo que la mayoría de la gente nunca aprende. Verá que no le hice esto a ella. Sino que lo hice por ella. Aunque me rompió el corazón darle lo opuesto a lo que quería, en algún momento me verá transformar todo eso malo en algo bueno. Le daré vuelta a todo, le daré todo al revés. Al hacerlo, ella vivirá del lado correcto. Será un ejemplo de luz en la profunda oscuridad. Será una voz de esperanza cuando otros sientan que todo está perdido.

» Mientras aprende a vivir "al revés", descubrirá que hay problemas que no pueden resolverse, aunque su mente intentará hacerlo hasta el cansancio. Pero, al final, abandonará incluso eso: todo el intento, toda la lucha por mantener las cosas en orden. Y finalmente, un día abrazará su mayor virtud: su desorden.

» Esta es la parte más "al revés" de toda la historia. Lo que la hace más encantadora son sus partes más desordenadas. Desaliñadas. Sin pulir. Sin educar. Sin ser alcanzadas por la perfección. Sin ser manchadas por su esfuerzo.

» Le mostrará a los demás fácilmente el camino hacia mí y los conducirá a la verdad de que soy un Dios bueno. Y, lo más importante, que soy bueno siendo Dios. Ninguna persona debería tener que llevar la carga de ser su propio dios, pero muchos lo hacen.

» Mientras me busca en su desorden, le mostrará a los demás cómo ser libres de ese peso. Será una fuerza considerable en la gran batalla del bien contra el mal. Su amor será su arma más poderosa. Su equilibrio será la belleza de su alma. Y la lucha con esas respuestas a sus "porqué" que nunca llegan será su humildad.

» Será una aprendiz y una amante de la verdad. Anhelará la certeza. Pero la gente es impredecible y las circunstancias a veces la dejarán confundida. Así que tomará su incertidumbre y la enterrará en el rico suelo de mi Palabra.

» Estos serán los momentos en los que estemos más cerca ella y yo. Cuando aprenda algo en medio de su confusión, lo recordará para siempre. La verdad la moldeará en el mejor de los sentidos y guiará su corazón a querer compartir con los demás la esperanza que encontró. Es por su incertidumbre que encontrará su mayor certeza en el mundo. Será:

- una conservadora de la curiosidad
- una abanderada de la imaginación
- una dulce narradora de la verdad
- una valiente portadora del evangelio
- el lado maravilloso del "porqué"

» Esas son las cosas que descubrirá en su camino por la vida, danzando y cayéndose y volviéndose a levantar.

» Pero, Hijo, hay algo que debes decirle ahora mismo:

» Querida hija mía, cuando el mundo intente quitarte a golpes tus preguntas de "por qué", vuélvelas a sembrar en cada corazón de niño con ojos grandes y susúrrale:

"Sí, sí, pregunta". Porque matar esa pregunta es matar el propósito que te dará una respuesta. Nunca sabrás por qué esa persona hizo lo que hizo. O por qué las circunstancias que parecían tan perfectas cambiaron y se arruinaron de la forma en que lo hicieron. Por qué la destrucción y desolación avanzaron sobre tu vida. No, nunca sabrás esas respuestas.

» Pero confía en mí, tener esas respuestas no mejoraría nada. De veras que no lo haría. No te negué esas respuestas como un ejercicio cruel de mi poder. Las guardé para mí porque solamente yo puedo soportar su peso.

» Tú vives en un mundo dañado donde suceden cosas que hacen daño. En un mundo inmerso en el pecado suceden cosas horribles. Tan solo ocurren. Y tú vas a sufrir mucho a causa de estas cosas. Tú, mi querida niña, también verás sufrir a los demás.

» Oirás réplicas de la gente que intentarán adornar las grandes decepciones de la vida. Esas respuestas suenan bien en un sermón, pero en la vida real nunca funcionan. Y allí es cuando te darás cuenta de cuán dichosa eres porque se te asignó suficiente dolor como para mantenerte humana y compasiva. Le ofrecerás a la gente la única respuesta verdadera disponible: "El Señor me ayudó a sobrevivir a eso y te ayudará a ti también. Sujetaré tu mano mientras encuentras tu camino hacia Él".

» No sabrás por qué sucede esto o aquello. Pero hay una parte del porqué que llegarás a comprender. Mira a tu alrededor y verás la parte que yo sí quiero que entiendas. La encontrarás en los ojos de cada ser humano con el que te cruces, te roces o choques o te atrevas a abrazar. En sus ojos habrá una angustia secreta, una herida profunda, un niño asustado. Fuiste hecha para conectar con esa persona. Conectarte de veras. Pero nunca te conectarás por medio de tus virtudes y tu gran desempeño. Todo lo que brilla de ti los ahuyenta o los asusta o los hace querer volver a encogerse. ¿Pero tus lágrimas? Oh, ellas son imanes líquidos que atraen a los demás. Son un río de realidad. Una cura para las heridas. Un adhesivo para pegar lo que se ha roto.

» Verás, es por medio de tus lágrimas que la gente se une. Es lo que te hace una persona segura para los demás, cuando tan solo susurras: "Yo también..., yo también...".

» No tendrás que darles respuestas. Solo bríndales tu suave presencia. Y allí, en ese momento, sentirás tu corazón a punto de explotar de alegría al saber que tienes imperfecciones. Te invitarán a quedarte una vez que se den cuenta de que no pasaste por la vida sin ser manchada por los fracasos y las fallas, sin que alguien te haya hecho sentir frágil.

» La perfección intimida. La compasión inspira. Y, finalmente, allí es donde encontrarás tu porqué. ¿Por qué sucedió esto? Porque hay alguien más en el mundo que se ahogaría en sus propias lágrimas si no fuera porque puede ver las tuyas. Y cuando haces ver a otra persona que no está sola, haces del mundo un mejor lugar.

» Dile que le puse las palabras "al revés" porque le dará permiso al mundo, una vez más, de ver la maravilla que radica en los porqués. Sus porqués la han hecho sabia.

» Al revés son las palabras perfectas para una chica que, eventualmente, aterrizará "al derecho", desordenada, maravillosa y llena de vida.

Esa eres tú, querida amiga. Esa soy yo. Esa es la transformación del polvo.

Vamos a la fuente

TODO ESTARÁ AL REVÉS EN LA ETERNIDAD. LA aflicción se transformará en gozo. El sufrimiento, en gritos de agradecimiento. Las coronas de espinas, en coronas de oro hechas a medida para un rey.

RECUERDA

- Es mejor lidiar con la verdad que regodearse en la tormenta.
- Vivir es amar. Amar es correr el riesgo de sufrir. Correr el riesgo de sufrir es vivir. Eso es lo que significa ser verdaderamente humanos.
- Las lágrimas son la conexión más pura que tenemos con los demás y la confianza es la conexión más pura que tenemos con Dios.
- Confianza. Intercambiar nuestra voluntad por "su voluntad", porque sabemos que Él hará.
- Hay un propósito en el dolor y hay gozo en el desarrollo de una vida con Jesús.
- Todos deben intentarlo.
- Date permiso para no ser perfecta.
- Niégate a dejarte intimidar por el proceso.
- La belleza más grande surgirá de las pinceladas de aquellos que son libres del temor.

RECUERDA

- Ninguna persona debería tener que llevar la carga de ser su propio dios, pero muchos lo hacen.
- Te darás cuenta de cuán dichosa eres porque se te asignó suficiente dolor como para mantenerte humana y compasiva.
- La perfección intimida. La compasión inspira.
- Hay alguien más en el mundo que se ahogaría en sus propias lágrimas si no fuera porque puede ver las tuyas.
- Cuando haces ver a otra persona que no está sola, haces del mundo un mejor lugar.
- Tus porqués te han hecho sabia.

RECIBE

"Bienaventurado el varón que soporta la tentación; porque cuando haya resistido la prueba, recibirá la corona de vida, que Dios ha prometido a los que le aman".

(Santiago 1:12)

También puedes leer:
Santiago 1:2-4

REFLEXIONA

- ¿Dirías que últimamente estás gastando más tiempo en regodearte en la turbulencia o en luchar con la verdad?
- ¿Hay algún "ingrediente" en tu vida ahora, alguna dificultad o situación decepcionante que te gustaría poder evitar?
- ¿De qué manera saber que hay propósito en el dolor puede ayudarte a encontrar dónde hallar gozo?
- La esperanza de una corona de vida, ¿cambia tu perspectiva sobre el sufrimiento? ¿Cómo te sentirías al rendir esa corona a los pies de Jesús en gratitud?
- ¿Con quién precisas compartir tus lágrimas? ¿A quién debes hacerle saber que no está solo o sola?
- El dolor y confusión que a menudo encontramos en esta vida entre dos jardines pueden hacernos sospechar de Dios, preguntándonos si Él es cruel e injusto. Pregúntate a ti misma: *¿Estoy dispuesta a creer que Él me está protegiendo y preparando para todo lo que hay por delante?*

Padre:

He necesitado tanto esta mirada sobre las desolaciones, las desilusiones y el polvo que parece acumularse en mi vida. Estoy agotada. Estoy desgastada. Pero ahora, también encuentro esperanza. Tú tienes planes de bien para volverme a levantar y sé que nunca me abandonarás. Tu Palabra es buena y verdadera y, por primera vez en mucho tiempo, creo en ella. Con todo lo que soy, creo en ella. Gracias por juntar mis pedazos rotos y transformarlos en algo mejor, transformarme a mí en algo mejor. Para tu gloria. Por mi propio bien. No tengo suficientes palabras para agradecerte. Hoy te entrego mi polvo y doy un paso atrás para ver tu obra. Y mientras lo haces, oro para que me moldees más y más a la imagen de tu Hijo.

En el nombre de Jesús. Amén.

Epílogo

Estoy sentada en el patio trasero. Art se extiende hacia mí para tomar mi mano. Ha leído cada palabra de este libro y ha asentido en conformidad. Sinceramente, estoy asombrada de que estemos aquí. Es una tregua por la que estoy en parte agradecida y en parte aterrada. ¿Qué pasa si se marcha y todo se vuelve a derrumbar y la vida implosiona? ¿Podrá soportarlo mi corazón? ¿Me sentiré como una tonta? ¿Me desmoronaré en la desesperación?

Creo que no. Esta vez no.

Art y yo finalmente hicimos las paces con el hecho de que nunca seremos más que simples humanos de este lado de la eternidad.

Soy una humana que cree firmemente en lo sagrado del matrimonio, pero que se da cuenta de que no puede controlar las elecciones de los demás, sino solo las suyas. También soy una humana que desesperadamente necesita creer que todavía el amor puede ser algo bueno. La gente puede cambiar. Las adicciones pueden sanarse y los amoríos pueden extinguirse. No es sencillo. Pero es el camino que yo estoy eligiendo.

Es el camino que estamos eligiendo.

Al mismo tiempo, tengo tanta compasión y empatía por aquellos que tomaron un camino diferente al que tomé yo al enfrentar los mismos horrores y quebrantos. Ellos hicieron lo que pudieron. Seguramente lloraron, intentaron y desearon otra cosa. Lo entiendo. Y yo estaría así también de no ser por una gracia inexplicable, un viento de cambio y un hombre con un corazón arrepentido que deja que Dios obre como nunca antes.

No hay nada que pueda decir que hubiera hecho mejor o de manera diferente que hubiera podido ayudar a arreglar este caos. Estoy tan sorprendida como todos. No hay nada excepto una Biblia gastada, una almohada humedecida, un alivio angustiante, una fresca brisa y los ecos de todo lo que Dios nos enseñó a los dos en esta vida entre dos jardines. Al sentarme aquí, en este lugar intermedio de humanidad conflictuada y de realidad divina, anhelo esa segunda oportunidad rodeada de garantías. Pero no es de esa forma. Tendré que ingresar en esta nueva normalidad con los ojos bien abiertos al hecho de que es riesgosa.

Ser humanas es ser vulnerables. Demanda una confianza en Dios que no es broma. Confiar en Dios es la lección más difícil de todas, pero la más crucial.

Confiamos en un Dios que permite que seamos heridas.

Pero también confiamos en un Dios que usa la herida para bien.

Ser lastimadas no es lo peor en el mundo. En realidad, es precisamente lo que nos acerca a Jesús y a nuestros prójimos. En un mundo de tantas diferencias, estamos unidas cuando simplemente lloramos juntas.

Así que no le temo al dolor, porque confío en que Dios sacará algo bueno de él. Le temo a estar tan cómoda que pueda suspirar y comenzar a reclamar una normalidad que siempre está sujeta a cambios.

Me agota el cambio. Todavía lo resisto. Pero he sido transformada en una mejor persona por todo lo que atravesé. Y Art también lo fue. Nunca hubiéramos elegido estos cambios, pero son buenos. Es lo más trabajosamente bueno que jamás viví.

Pero no quiero cerrarlo y ponerle un lazo, porque la vida real nunca es tan prolija. Todavía soy una niña que llora por lo que pasó, se lamenta por lo que no volverá a ser y está asustada. Muy asustada.

Volver a abrir mi corazón significa exponer la parte dañada nuevamente al filo de la confianza. Para crecer en confianza debes acercarte. Y me animo a hacerlo. Es cierto, es peligroso. Es verdad, tiemblo por la incertidumbre de que está bien intentarlo de nuevo. No tengo en claro cómo disipar la bruma de la incertidumbre. Así que tomo la decisión de no querer saberlo todo. Simplemente, aprieto la mano que se me ofrece y susurro: "Está bien, Art. Volvamos a intentarlo".

Novedades sobre Lysa

Muchas gracias por todas las oraciones que elevaron por mí y mi familia en estos meses en que hubo anuncios sobre mi matrimonio y mi salud. Sus palabras me sostuvieron en los días en que sentía que no tenía fuerzas para enfrentar las batallas que se me presentaban. Por esa razón, estoy extremadamente agradecida.

Luego de terminar de escribir el manuscrito de *No debería ser así*, mis doctores y yo decidimos que la mejor manera de atacar el cáncer de mamas era realizando una mastectomía doble. Me realicé esa cirugía y, en las semanas siguientes, me declararon libre de cáncer. Todavía tengo que hacerme varias cirugías reconstructivas más, pero estoy muy agradecida de estar en el camino hacia la sanación. Y cada día oro por otras mujeres que tienen cáncer de mama y todos los otros diagnósticos terribles que las hacen llorar.

Aún no tengo las respuestas a mis preguntas y porqués. Pero he vislumbrado numerosas veces la fidelidad de Dios en medio de todo lo que atravesé. Y aprendí a tener una confianza más profunda en Dios aun cuando —y en especial cuando— la vida parece no tener sentido. Eso es un regalo. Un buen regalo. Uno al que me quiero aferrar con gratitud por el resto de mi vida.

Nueve pasajes de las Escrituras para sobrevivir en tiempos en que Dios parece estar callado

¿Estás buscando desesperadamente evidencias de que Dios se está moviendo en medio de esa situación que te partió el corazón? Tal vez sea esa oración sin respuesta por la que has llorado incontables lágrimas. O esa relación que deseas que Él repare. O ese dolor que le sigues pidiendo que quite. Sé lo duro que puede llegar a ser.

También sé que al enemigo le encantaría que pienses que Dios te está ignorando. La verdad es que Dios anhela absolutamente ayudarnos en nuestro dolor. Pero, para ayudarnos, debe transformarnos. Todo eso porque nos ama. Por esa razón quiero resaltar estas tres declaraciones como mi punto de partida cuando pienso y lucho con expectativas no alcanzadas, dolor y pequeñas o grandes desilusiones:

- Dios quiere ayudarme.
- Dios anhela transformarme.
- Dios me ama.

A continuación, encontrarás esas afirmaciones contraponiéndose a las mentiras que a menudo creemos y los textos bíblicos que podemos usar para derrotarlas. Cuando expresamos la verdad de Dios, las mentiras del diablo se empequeñecen. Pido a Dios que te aferres a estas verdades, amiga. Y oro que descanses en el conocimiento de que Dios no te está ignorando: te está restaurando.

Dios quiere ayudarme

Mentira:
Nada parece estar cambiando. Dios debe estar ignorando mis gritos de auxilio.

Verdad:
Pacientemente esperé a Jehová,
Y se inclinó a mí, y oyó mi clamor.
Y me hizo sacar del pozo de la desesperación, del lodo cenagoso;
Puso mis pies sobre peña, y enderezó mis pasos.

(Salmos 40:1-2)

Recordaré que:
Dios quiere ayudarme, y Él se inclina para oírme.

Mentira:
No estoy segura de que Dios me preste atención o se interese por mí. Siento que mis oraciones ni siquiera le importan.

Verdad:
"¿Acaso no se venden dos pajarillos por unas cuantas monedas? Aun así, ni uno de ellos cae a tierra sin que el Padre de ustedes lo permita, pues aun los cabellos de ustedes están todos contados. Así que no teman, pues ustedes valen más que muchos pajarillos". (Mateo 10:29-31)

Recordaré que:
Dios quiere ayudarme y yo le intereso mucho.

Mentira:

Dios probablemente se cansó de mí y de todas mis debilidades.

Verdad:

"¿No has sabido, no has oído que el Dios eterno es Jehová, el cual creó los confines de la tierra? No desfallece, ni se fatiga con cansancio, y su entendimiento no hay quien lo alcance. El da esfuerzo al cansado, y multiplica las fuerzas al que no tiene ningunas". (Isaías 40:28-29)

Dios anhela transformarme

Mentira:

No es posible que Dios pueda cambiar a alguien como yo.

Verdad:

"Porque a los que antes conoció, también los predestinó para que fuesen hechos conformes a la imagen de su Hijo, para que él sea el primogénito entre muchos hermanos". (Romanos 8:29)

Recordaré que:

Dios anhela transformarme y me está conformando, más y más, a la imagen de Jesús.

Mentira:

Dios me abandonó hace mucho tiempo.

Verdad:

"Estoy persuadido de que el que comenzó en ustedes la buena obra, la perfeccionará hasta el día de Jesucristo". (Filipenses 1:6)

Recordaré que:

Dios anhela transformarme y promete que terminará la obra que comenzó en mí.

Mentira:

Dios quiere que me apure y termine lo que comencé.

Verdad:

"... porque Dios es el que en vosotros produce así el querer como el hacer, por su buena voluntad". (Filipenses 2:13)

Recordaré que:

Dios anhela transformarme y Él es el único que puede ayudarme a cambiar.

Dios me ama

Mentira:

No soy digna de ser amada por Dios.

Verdad:

"Ciertamente, apenas morirá alguno por un justo; con todo, pudiera ser que alguno osara morir por el bueno. Mas Dios muestra su amor para con nosotros, en que siendo aún pecadores, Cristo murió por nosotros". (Romanos 5:7-8)

Recordaré que:

Dios me ama y me busca, incluso cuando actúo de manera desagradable.

Mentira:

Si Dios me amara de verdad, no me dejaría pasar por este dolor.

Verdad:

"Hermanos míos, considérense muy dichosos cuando estén pasando por diversas pruebas. Bien saben que, cuando su fe es puesta a prueba, produce paciencia. Pero procuren que la paciencia complete su obra, para que sean perfectos y cabales, sin que les falta nada". (Santiago 1:2-4)

Recordaré que:

Dios me ama y me promete no desperdiciar mi sufrimiento.

Mentira:

Si soy sincera con Dios respecto de mis sentimientos, Él se desilusionará de mí y dejará de amarme.

Verdad:

Esperad en él en todo tiempo, oh pueblos;
Derramad delante de él vuestro corazón;
Dios es nuestro refugio.

(Salmos 62:8)

Recordaré que:

Dios me ama y me invita a derramar mi corazón con confianza.

Encuentra la ayuda que necesitas

Queridas amigas:

Para algunas de ustedes, este libro será exactamente lo que necesitan para atravesar un tiempo difícil en su vida o procesar una profunda desilusión. Pero para otras, este libro podría ser el punto de partida para su sanación. Como yo no soy una profesional licenciada y este libro no reemplaza a la terapia, debes saber que hay algunas realidades complejas en la vida en donde precisarás la ayuda de una psicóloga o psicólogo cristiano. Por favor, sé sincera respecto de tu necesidad de asistencia. Yo estoy muy agradecida por los consejeros profesionales que me atendieron y ayudaron a pasar los días más oscuros de mi vida. Siempre ha sido importante para mí que los terapeutas a los que voy a ver tengan un serio compromiso con Cristo y entiendan que la batalla se libra tanto en el campo físico como en el espiritual. Oro por ti, querida amiga.

Con amor,
Lysa

Reconocimientos

Mientras estaba escribiendo *No debería ser así*, hubo un tiempo en que no sentía que podía seguir adelante con todo esto. Pasé muchos días difíciles, sentada en mi cama considerando mudarme a Montana y trabajar de camarera. Pero tengo unas amigas y familia increíbles que vieron una tarea distinta para mí. Aunque ser camarera habría sido genial, ese no es mi llamado. Y tampoco lo es ser una investigadora de CSI [Investigación de la Escena del Crimen, por sus siglas en inglés], lo que hubiera sido mi otra opción secreta.

Estas amigas me mantuvieron enfocada en la misión que Dios me encomendó. Me tomaron de la mano, levantaron mis brazos y me ayudaron a llevar este libro a la línea de meta. A algunas personas increíbles...: las amo. Y, con todo mi ser, les agradezco.

Art..., el camino ha sido largo y doloroso. Pero también ha sido inesperadamente milagroso. Gracias por leer cada palabra y alentarme a llegar al final. Te amo.

Jackson, Amanda, Mark, Selena, Susan Hope, Michael, Ashley, David, Brooke, Paige y Philecia: mis bendiciones prioritarias y las bendiciones añadidas a quienes amo tanto.

Hamp, Colette, Wes, Laci, Pastor Rob y Michelle. Solo puedo desear estar cuando me necesiten, del mismo modo que ustedes estuvieron con nosotros. Ni siquiera se me ocurre cuál es la palabra exacta para describir la profundidad de su amor. No sé cómo explicar la manera increíble en la que ustedes viven el mensaje del evangelio.

Kristen, Shae, Hope, Kimberly y Amanda: no podría haber hecho esto si no fuera por su amistad, sus brillantes habilidades y su precioso equipo de trabajo.

Meredith y Lea: la forma en que llevan cada uno de mis mensajes como si fuera el suyo es un don precioso para mí.

Wendy B., Sharon S., Courtney D., Karen E., Krista W.: gracias por orar por mí a lo largo de todo el periodo más difícil de mi vida.

Joel M: ni siquiera volvería a escribir otro libro si no estás tú en el equipo. Mis días preferidos son aquellos en que Lea y yo hacemos el estudio teológico contigo. Gracias por tu humilde genialidad.

Kaley y Madi: todo lo que tocan lo dejan hermoso. Gracias por ayudarme a diseñar el estudio para los videos de este libro.

Alison, Meredith, Riley, Tori y Anna: son el equipo de diseño más talentoso de todos. Gracias por capturar el fino equilibrio entre la necesidad sentida y la esperanza de sanación en la portada de este libro. Ustedes adornaron mi mensaje de una manera preciosa y les estoy muy agradecida.

La junta de P31: mentes increíbles, amigos amados.

Al pastor y a mi familia de Elevation: ¿cómo pueden hacer las cosas que hacen cada semana? Gracias por su fidelidad.

Pastor Chris y Tammy: los atesoro en mi corazón. Gracias por recibirme en su familia con un amor y aceptación incondicional.

Lisa C., Jeremy y Lori G.: cada uno de ustedes son una respuesta a mis oraciones. Me encanta vivir la vida junto a ustedes.

Michael Cusik con Restoring Soul Counseling [Consejería restaurando el alma] y al consejero Jim Cress: ustedes son sal y luz en la manera exacta en que mi familia más lo necesitaba. Ustedes estuvieron para ayudarnos a sobrevivir a la tormenta y avanzar hacia el bienestar. Muchas gracias.

Brian Hampton, Jessica Wong, Mark Schoenwald, Mark Glesne, Jessalyn Foggy, Janene MacIvor, Lori Lynch, Sara

Broun, John Raymond, Sara Riemersma: son verdaderos socios en la publicación. Me animan, me desafían y me ayudan a respirar vida en cada libro que escribo. No son simples compañeros ministeriales, son amigos de toda la vida.

Al grupo de lectura anticipada de *No debería ser así*: muchas gracias por caminar junto a mí mientras escribía cada capítulo. Sus comentarios y su amor me ayudaron a dar forma a este mensaje de la mejor manera.

Textos bíblicos

Introducción

Mas gracias sean dadas a Dios, que nos da la victoria por medio de nuestro Señor Jesucristo. (1 Corintios 15:57)

Capítulo 1: Entre dos jardines

Y oí una gran voz del cielo que decía: He aquí el tabernáculo de Dios con los hombres, y él morará con ellos; y ellos serán su pueblo, y Dios mismo estará con ellos como su Dios. Enjugará Dios toda lágrima de los ojos de ellos; y ya no habrá muerte, ni habrá más llanto, ni clamor, ni dolor; porque las primeras cosas pasaron. Y el que estaba sentado en el trono dijo: He aquí, yo hago nuevas todas las cosas. Y me dijo: Escribe; porque estas palabras son fieles y verdaderas. (Apocalipsis 21:3-5)

Capítulo 2: Polvo

Entonces Jehová Dios formó al hombre del polvo de la tierra, y sopló en su nariz aliento de vida, y fue el hombre un ser viviente. (Génesis 2:7)

Entre tanto que estoy en el mundo, luz soy del mundo. Dicho esto, escupió en tierra, e hizo lodo con la saliva, y untó con el lodo los ojos del ciego. (Juan 9:5-6)

Ahora pues, Jehová, tú eres nuestro padre; nosotros barro, y tú el que nos formaste; así que obra de tus manos somos todos nosotros. (Isaías 64:8)

Casa de Israel, ¿acaso no puedo yo hacer con ustedes lo mismo que hace este alfarero? Ustedes, casa de Israel, son en mi mano como el barro en la mano del alfarero. (Jeremías 18:6)

Pues sabemos que, cuando se desarme esta carpa terrenal en la cual vivimos (es decir, cuando muramos y dejemos este cuerpo terrenal), tendremos una casa en el cielo, un cuerpo eterno hecho para nosotros por Dios mismo y no por manos humanas. Nos fatigamos en nuestro cuerpo actual y anhelamos ponernos nuestro cuerpo celestial como si fuera ropa nueva. Pues nos vestiremos con un cuerpo celestial; no seremos espíritus sin cuerpo. Mientras vivimos en este cuerpo terrenal, gemimos y suspiramos, pero no es que queramos morir y deshacernos de este cuerpo que nos viste. Más bien, queremos ponernos nuestro cuerpo nuevo para que este cuerpo que muere sea consumido por la vida. Dios mismo nos ha preparado para esto, y como garantía nos ha dado su Espíritu Santo. (2 Corintios 5:1-5, NTV)

[Declaración de Dios sobre el Edén restaurado]: ... yo hago nuevas todas las cosas. (Apocalipsis 21:5)

Capítulo 3: Pero ¿cómo paso los próximos 86 400 segundos?

Y Cristo, en los días de su carne, ofreciendo ruegos y súplicas con gran clamor y lágrimas al que le podía librar de la muerte, fue oído a causa de su temor reverente. Y aunque era

Hijo, por lo que padeció aprendió la obediencia; y habiendo sido perfeccionado, vino a ser autor de eterna salvación para todos los que le obedecen. (Hebreos 5:7-9)

… aparta de mí esta copa; mas no lo que yo quiero, sino lo que tú. (Marcos 14:36)

Por eso, ustedes deben orar así:
"Padre nuestro, que estás en los cielos,
santificado sea tu nombre.
Venga tu reino.
Hágase tu voluntad,
en la tierra como en el cielo.
El pan nuestro de cada día, dánoslo hoy".

(Mateo 6:9-11)

Así que, por cuanto los hijos participaron de carne y sangre, él también participó de lo mismo, para destruir por medio de la muerte al que tenía el imperio de la muerte, esto es, al diablo, y librar a todos los que por el temor de la muerte estaban durante toda la vida sujetos a servidumbre […] Por lo cual debía ser en todo semejante a sus hermanos, para venir a ser misericordioso y fiel sumo sacerdote en lo que a Dios se refiere, para expiar los pecados del pueblo. Pues en cuanto él mismo padeció siendo tentado, es poderoso para socorrer a los que son tentados. (Hebreos 2:14-15, 17-18)

Por lo tanto, hermanos santos, ustedes que participan de una invitación que les llega del cielo, fijen su atención en Jesús, apóstol y sumo sacerdote de la fe que nosotros confesamos. (Hebreos 3:1, PDT)

La esperanza que se demora es tormento del corazón; pero árbol de vida es el deseo cumplido. (Proverbios 13:12)

Capítulo 4: Pies bronceados

Porque no nos ha dado Dios un espíritu de cobardía, sino de poder, de amor y de dominio propio. (2 Timoteo 1:7)

Y estaban ambos desnudos, Adán y su mujer, y no se avergonzaban. (Génesis 2:25)

Mas Jehová Dios llamó al hombre, y le dijo: ¿Dónde estás tú? [...]
Y Dios le dijo: ¿Quién te enseñó que estabas desnudo? ¿Has comido del árbol de que yo te mandé no comieses? (Génesis 3:9, 11)

Capítulo 5: De pinturas y personas

Y ellos le han vencido por medio de la sangre del Cordero y de la palabra del testimonio de ellos, y menospreciaron sus vidas hasta la muerte. (Apocalipsis 12:11)

Bendito sea el Dios y Padre de nuestro Señor Jesucristo, Padre de misericordias y Dios de toda consolación, el cual nos consuela en todas nuestras tribulaciones, para que podamos también nosotros consolar a los que están en cualquier tribulación, por medio de la consolación con que nosotros somos consolados por Dios. (2 Corintios 1:3-4)

Dado que Dios los eligió para que sean su pueblo santo y amado por él, ustedes tienen que vestirse de tierna compasión, bondad, humildad, gentileza y paciencia. (Colosenses 3:12, NTV)

Capítulo 6: Un poquito largo y demasiado duro

Pacientemente esperé a Jehová,
Y se inclinó a mí, y oyó mi clamor.
Y me hizo sacar del pozo de la desesperación, del lodo cenagoso;
Puso mis pies sobre peña, y enderezó mis pasos.
Puso luego en mi boca cántico nuevo, alabanza a nuestro Dios.
Verán esto muchos, y temerán,
Y confiarán en Jehová.
Bienaventurado el hombre que puso en Jehová su confianza,
Y no mira a los soberbios, ni a los que se desvían tras la mentira.

(Salmos 40:1-4)

Y quitó Jehová la aflicción de Job, cuando él hubo orado por sus amigos [los mismos que lo habían acusado injustamente, que habían mentido acerca de Dios y habían añadido tantas heridas por sobre el dolor que Job ya sentía]; y aumentó al doble todas las cosas que habían sido de Job. (Job 42:10)

Y bendijo Jehová el postrer estado de Job más que el primero. (Job 42:12)

Después de esto vivió Job ciento cuarenta años, y vio a sus hijos, y a los hijos de sus hijos, hasta la cuarta generación. (Job 42:16)

... pero el Dios de toda gracia, que en Cristo nos llamó a su gloria eterna, los perfeccionará, afirmará, fortalecerá y establecerá después de un breve sufrimiento. (1 Pedro 5:10)

Por eso nosotros, desde el día que lo supimos, no cesamos de orar por ustedes y de pedir que Dios los llene del conocimiento de su voluntad en toda sabiduría e inteligencia espiritual, para que vivan como es digno del Señor, es decir, siempre haciendo todo lo que a él le agrada, produciendo los frutos de toda buena obra, y creciendo en el conocimiento de Dios; todo esto, fortalecidos con todo poder, conforme al dominio de su gloria, para que puedan soportarlo todo con mucha paciencia. (Colosenses 1:9-11)

Y me ha dicho: Bástate mi gracia; porque mi poder se perfecciona en la debilidad. Por tanto, de buena gana me gloriaré más bien en mis debilidades, para que repose sobre mí el poder de Cristo. Por lo cual, por amor a Cristo me gozo en las debilidades, en afrentas, en necesidades, en persecuciones, en angustias; porque cuando soy débil, entonces soy fuerte. (2 Corintios 12:9-10)

Hermanos míos, considérense muy dichosos cuando estén pasando por diversas pruebas. Bien saben que, cuando su fe es puesta a prueba, produce paciencia. Pero procuren que la paciencia complete su obra, para que sean perfectos y cabales, sin que les falta nada. (Santiago 1:2-4)

Capítulo 7: Cuando Dios te da más de lo que puedes manejar

A ustedes no les ha sobrevenido ninguna tentación que no sea humana; pero Dios es fiel y no permitirá que ustedes sean sometidos a una prueba más allá de lo que puedan resistir, sino que junto con la prueba les dará la salida, para que puedan sobrellevarla. (1 Corintios 10:13)

Hermanos, no queremos que ustedes ignoren nada acerca de los sufrimientos que padecimos en Asia; porque fuimos abrumados de manera extraordinaria y más allá de nuestras fuerzas, de tal modo que hasta perdimos la esperanza de seguir con vida. Pero la sentencia de muerte que pendía sobre nosotros fue para que no confiáramos en nosotros mismos, sino en Dios que resucita a los muertos. (2 Corintios 1:8-9)

¡Ay de aquel que discute con su Hacedor! ¡Un tiesto más entre los tiestos de la tierra! El barro no le pregunta al alfarero: "¿Qué es lo que haces?". ¿Acaso le señala: "Tu obra no tiene manos"? (Isaías 45:9)

Satanás salió de la presencia del Señor, pero le envió a Job una sarna tan violenta que lo cubrió de pies a cabeza. Era tal la comezón que Job, sentado en medio de la ceniza, se rascaba con un pedazo de teja.
Su esposa lo llenó de reproches y le dijo: "¿Todavía insistes en seguir siendo perfecto? ¡Maldice a Dios, y muérete!".
Pero Job le respondió:
"Hablas como una de tantas necias. ¿Acaso hemos de recibir de Dios sólo bendiciones, y no las calamidades?".
Y aun así, Job no pecó ni de palabra. (Job 2:7-10)

Porque así dijo Jehová: Cuando en Babilonia se cumplan los setenta años, yo os visitaré, y despertaré sobre vosotros mi buena palabra, para haceros volver a este lugar. Porque yo sé los pensamientos que tengo acerca de vosotros, dice Jehová, pensamientos de paz, y no de mal, para daros el fin que esperáis. Entonces me invocaréis, y vendréis y oraréis a mí, y yo os oiré; y me buscaréis y me hallaréis, porque me buscaréis de todo vuestro corazón. Y seré hallado por vosotros, dice Jehová, y haré volver vuestra cautividad, y os reuniré de todas las naciones y de todos los lugares adonde os arrojé, dice Jehová; y os haré volver al lugar de donde os hice llevar. (Jeremías 29:10-14)

Bienaventurados los de limpio corazón, porque ellos verán a Dios. (Mateo 5:8)

Escúchenme ustedes [...] que han sido llevados desde que estaban en el vientre, sustentados desde que estaban en la matriz: Yo mismo los seguiré llevando, hasta que estén viejos y canosos. Yo los hice, yo los llevaré. Yo los apoyaré y los protegeré. [...] yo soy Dios, y no hay otro. ¡Nada hay semejante a mí! Yo anuncio desde un principio lo que está por venir; yo doy a conocer por anticipado lo que aún no ha sucedido. Yo digo: "Mi consejo permanecerá, y todo lo que quiero hacer lo haré." Yo llamo desde el oriente, desde un país lejano al hombre que está en mis planes, y que es un ave de rapiña. Ya lo he dicho, y lo haré venir; ya lo he pensado, y así lo haré. (Isaías 46:3-4, 9-11)

"Yo soy el camino, y la verdad, y la vida; nadie viene al Padre, sino por mí". (Juan 14:6)

El Señor creó los cielos y la tierra,
y el mar y todos los seres que contiene.
El Señor siempre cumple su palabra.

(Salmos 146:6)

No temas, porque yo estoy contigo; no desmayes, porque yo soy tu Dios que te esfuerzo; siempre te ayudaré, siempre te sustentaré con la diestra de mi justicia. (Isaías 41:10)

Con todo, yo siempre estuve contigo;
Me tomaste de la mano derecha.

(Salmos 73:23)

Tú eres mi refugio; me guardarás de la angustia;
Con cánticos de liberación me rodearás.

(Salmos 32:7)

Capítulo 8: Soltar lo que nos retiene

Encamíname en tu verdad, y enséñame,
Porque tú eres el Dios de mi salvación;
En ti he esperado todo el día.

(Salmos 25:5)

Por tanto, nosotros también, teniendo en derredor nuestro tan grande nube de testigos, despojémonos de todo peso y del pecado que nos asedia, y corramos con paciencia la carrera que tenemos por delante, puestos los ojos en Jesús, el autor y consumador de la fe, el cual por el gozo puesto delante de él sufrió la cruz, menospreciando el oprobio, y se sentó a la diestra del trono de Dios. (Hebreos 12:1-2)

Al pasar Jesús, vio a un hombre ciego de nacimiento. Y le preguntaron sus discípulos, diciendo: Rabí, ¿quién pecó, éste o sus padres, para que haya nacido ciego?

Respondió Jesús: No es que pecó éste, ni sus padres, sino para que las obras de Dios se manifiesten en él. Me es necesario hacer las obras del que me envió, entre tanto que el día dura; la noche viene, cuando nadie puede trabajar. Entre tanto que estoy en el mundo, luz soy del mundo.

Dicho esto, escupió en tierra, e hizo lodo con la saliva, y untó con el lodo los ojos del ciego, y le dijo: Ve a lavarte en el estanque de Siloé (que traducido es, Enviado). Fue entonces, y se lavó, y regresó viendo. (Juan 9:1-7)

Oyó Jesús que le habían expulsado; y hallándole, le dijo: ¿Crees tú en el Hijo de Dios?

Respondió él y dijo: ¿Quién es, Señor, para que crea en él?

Le dijo Jesús: Pues le has visto, y el que habla contigo, él es.

Y él dijo: Creo, Señor; y le adoró. (Juan 9:35-38)

Ten piedad de mí, oh Dios, conforme a tu misericordia;
Conforme a la multitud de tus piedades borra mis rebeliones.
Lávame más y más de mi maldad,
Y límpiame de mi pecado.
Porque yo reconozco mis rebeliones,
Y mi pecado está siempre delante de mí.
Contra ti, contra ti solo he pecado,
Y he hecho lo malo delante de tus ojos;
Para que seas reconocido justo en tu palabra,
Y tenido por puro en tu juicio.
He aquí, en maldad he sido formado,
Y en pecado me concibió mi madre.
He aquí, tú amas la verdad en lo íntimo,
Y en lo secreto me has hecho comprender sabiduría.
Purifícame con hisopo, y seré limpio;
Lávame, y seré más blanco que la nieve.
Hazme oír gozo y alegría,
Y se recrearán los huesos que has abatido.
Esconde tu rostro de mis pecados,
Y borra todas mis maldades.
Crea en mí, oh Dios, un corazón limpio,
Y renueva un espíritu recto dentro de mí.

No me eches de delante de ti,
Y no quites de mí tu santo Espíritu.
Vuélveme el gozo de tu salvación,
Y espíritu noble me sustente.
Entonces enseñaré a los transgresores tus caminos,
Y los pecadores se convertirán a ti.
Líbrame de homicidios, oh Dios, Dios de mi salvación;
Cantará mi lengua tu justicia.
Señor, abre mis labios,
Y publicará mi boca tu alabanza.

(Salmos 51:1-15)

¿Ven lo que esto significa, todos estos pioneros que nos abrieron el camino, todos estos veteranos que nos inspiran? Significa que debemos poner manos a la obra. Que nos despojemos de todo, empecemos a correr y ¡nunca abandonemos! Sin grasas espirituales, sin pecados parasitarios. Mantengan sus ojos en Jesús, quien comenzó y terminó esta misma carrera en que estamos. Estudien cómo lo hizo. Nunca perdió de vista hacia dónde iba, ese final excitante en y con Dios; por eso pudo soportar todo en el camino: la cruz, la vergüenza, todo. Y ahora está allí, en el lugar de honor, justo al lado de Dios. Cuando su fe flaquee, vuelvan a esa historia, punto por punto, esa larga letanía de hostilidad que atravesó. ¡Eso disparará adrenalina en sus almas! (Hebreos 12:1-3, *The Message*).

Justificados, pues, por la fe, tenemos paz para con Dios por medio de nuestro Señor Jesucristo; por quien también tenemos entrada por la fe a esta gracia en la cual estamos firmes, y nos gloriamos en la esperanza de la gloria de Dios. Y no sólo esto, sino que también nos gloriamos en las tribulaciones, sabiendo que la tribulación produce paciencia; y la paciencia, prueba; y la prueba, esperanza. (Romanos 5:1-4)

Capítulo 9: Exponer al enemigo

El ladrón no viene sino para hurtar y matar y destruir; yo he venido para que tengan vida, y para que la tengan en abundancia. (Juan 10:10)

Cuando alguien sea tentado, no diga que ha sido tentado por Dios, porque Dios no tienta a nadie, ni tampoco el mal puede tentar a Dios. Al contrario, cada uno es tentado cuando se deja llevar y seducir por sus propios malos deseos. El fruto de estos malos deseos, una vez concebidos, es el pecado; y el fruto del pecado, una vez cometido, es la muerte.
Queridos hermanos míos, no se equivoquen.
[...]
Así que despójense de toda impureza y de tanta maldad, y reciban con mansedumbre la palabra sembrada, que tiene el poder de salvarlos. Pero pongan en práctica la palabra, y no se limiten sólo a oírla, pues se estarán engañando ustedes mismos. (Santiago 1:13-16, 21-22)

Porque la palabra de Dios es viva y eficaz, y más cortante que toda espada de dos filos; y penetra hasta partir el alma y el espíritu, las coyunturas y los tuétanos, y discierne los pensamientos y las intenciones del corazón. Y no hay cosa creada que no sea manifiesta en su presencia; antes bien todas las cosas están desnudas y abiertas a los ojos de aquel a quien tenemos que dar cuenta.
Por tanto, teniendo un gran sumo sacerdote que traspasó los cielos, Jesús el Hijo de Dios, retengamos nuestra profesión. Porque no tenemos un sumo sacerdote que no pueda compadecerse de nuestras debilidades, sino uno que fue tentado en todo según nuestra semejanza, pero sin pecado. Acerquémonos, pues, confiadamente al trono de la gracia, para alcanzar

misericordia y hallar gracia para el oportuno socorro. (Hebreos 4:12-16)

Estos son fuentes sin agua, y nubes empujadas por la tormenta; para los cuales la más densa oscuridad está reservada para siempre. Pues hablando palabras infladas y vanas, seducen con concupiscencias de la carne y disoluciones a los que verdaderamente habían huido de los que viven en error. Les prometen libertad, y son ellos mismos esclavos de corrupción. Porque el que es vencido por alguno es hecho esclavo del que lo venció. (2 Pedro 2:17-19)

El Señor no retarda su promesa, según algunos la tienen por tardanza, sino que es paciente para con nosotros, no queriendo que ninguno perezca, sino que todos procedan al arrepentimiento. (2 Pedro 3:9)

No se engañen. Dios no puede ser burlado. Todo lo que el hombre siembre, eso también cosechará. El que siembra para sí mismo, de sí mismo cosechará corrupción; pero el que siembra para el Espíritu, del Espíritu cosechará vida eterna. (Gálatas 6:7-8)

Todo me es lícito, pero no todo conviene; todo me es lícito, pero no todo edifica. (1 Corintios 10:23)

A ustedes, él les dio vida cuando aún estaban muertos en sus delitos y pecados, los cuales en otro tiempo practicaron, pues vivían de acuerdo a la corriente de este mundo y en conformidad con el príncipe del poder del aire, que es el espíritu que ahora opera en los hijos de desobediencia. Entre ellos todos nosotros también vivimos en otro tiempo. Seguíamos los deseos de nuestra naturaleza humana y hacíamos lo que nuestra naturaleza y nuestros pensamientos nos llevaban a hacer. Éramos por naturaleza objetos de ira, como los demás. Pero Dios, cuya misericordia es abundante, por el gran amor con que nos amó, nos dio vida junto con Cristo, aun cuando estábamos muertos en nuestros pecados (la gracia de Dios los ha salvado). (Efesios 2:1-5)

Por medio de ellas nos ha dado preciosas y grandísimas promesas, para que por ellas ustedes lleguen a ser partícipes de la naturaleza divina, puesto que han huido de la corrupción que hay en el mundo por causa de los malos deseos. (2 Pedro 1:4)

Queridos hermanos míos, no se equivoquen. Toda buena dádiva y todo don perfecto descienden de lo alto, del Padre de las luces, en quien no hay cambio ni sombra de variación. (Santiago 1:16-17)

Engañoso es el corazón más que todas las cosas, y perverso. (Jeremías 17:9)

Tú, Señor, eres mi roca y mi redentor;
¡agrádate de mis palabras y de mis pensamientos!
(Salmos 19:14)

Entonces oí una gran voz en el cielo, que decía: Ahora ha venido la salvación, el poder, y el reino de nuestro Dios, y la autoridad de su Cristo; porque ha sido lanzado fuera el acusador de nuestros hermanos, el que los acusaba delante de nuestro Dios día y noche. Y ellos le han vencido por medio de la sangre del Cordero y de la palabra del testimonio de ellos, y menospreciaron sus vidas hasta la muerte. (Apocalipsis 12:10-11)

Y Jehová Dios dijo a la serpiente: Por cuanto esto hiciste, maldita serás entre todas las bestias y entre todos los animales del campo; sobre tu pecho andarás, y polvo comerás todos los días de tu vida. (Génesis 3:14)

Esto les causa gran regocijo, aun cuando les sea necesario soportar por algún tiempo diversas pruebas y aflicciones; **pero cuando la fe de ustedes sea puesta a prueba**, como el oro, **habrá de manifestarse en alabanza, gloria y honra el día que Jesucristo se revele.** (1 Pedro 1:6-7, énfasis mío)

Por lo tanto, preparen su mente para la acción, estén atentos y pongan toda su esperanza en la gracia que recibirán cuando Jesucristo sea manifestado. Pórtense como hijos obedientes, y no sigan los dictados de sus anteriores malos deseos, de cuando vivían en la ignorancia. Al contrario, vivan una vida completamente santa, porque santo es aquel que los ha llamado. Escrito está: "Sean santos, porque yo soy santo". (1 Pedro 1:13-16)

¿Hay alguien entre ustedes, que esté afligido? Que ore a Dios. ¿Alguno de ustedes está de buen humor? Que cante alabanzas. ¿Hay entre ustedes algún enfermo? Que se llame a los ancianos de la iglesia, para que oren por él y lo unjan con aceite en el nombre del Señor. La oración de fe sanará al enfermo, y el Señor lo levantará de su lecho. Si acaso ha pecado, sus pecados le serán perdonados. Confiesen sus pecados unos a otros, y oren unos por otros, para que sean sanados. La oración del justo es muy poderosa y efectiva. (Santiago 5:13-16)

¿Quién podrá hacerles daño, si ustedes siguen el bien? ¡Dichosos ustedes, si sufren por causa de la justicia! Así que no les tengan miedo, ni se asusten. Al contrario, honren en su corazón a Cristo, como Señor, y manténganse siempre listos para defenderse, con mansedumbre y respeto, ante aquellos que les pidan explicarles la esperanza que hay en ustedes. Tengan una buena conciencia, para que sean avergonzados aquellos que murmuran y dicen que ustedes son malhechores, y los calumnian por su buena conducta en Cristo. Es mejor que ustedes sufran por hacer el bien, si Dios así lo quiere, que por hacer el mal. (1 Pedro 3:13-17)

Capítulo 10: Palabras de victoria

Estas cosas les he hablado para que en mí tengan paz. En el mundo tendrán aflicción; pero confíen, yo he vencido al mundo. (Juan 16:33)

Por lo tanto, busquen primeramente el reino de Dios y su justicia, y todas estas cosas les serán añadidas. Así que, no se preocupen por el día de mañana, porque el día de mañana traerá sus propias preocupaciones. ¡Ya bastante tiene cada día con su propio mal! (Mateo 6:33-34)

Amados hermanos, no se sorprendan de la prueba de fuego a que se ven sometidos, como si les estuviera sucediendo algo extraño. Al contrario, alégrense de ser partícipes de los sufrimientos de Cristo, para que también se alegren grandemente cuando la gloria de Cristo se revele. (1 Pedro 4:12-13)

Quieto estuvo Moab desde su juventud, y sobre su sedimento ha estado reposado, y no fue vaciado de vasija en vasija, ni nunca estuvo en cautiverio; por tanto, quedó su sabor en él, y su olor no se ha cambiado. (Jeremías 48:11)

Porque los que son de la carne piensan en las cosas de la carne; pero los que son del Espíritu, en las cosas del Espíritu. Porque el ocuparse de la carne es muerte, pero el ocuparse del Espíritu es vida y paz. (Romanos 8:5-6)

Hemos oído la soberbia de Moab; muy grandes son su soberbia, su arrogancia y su altivez; pero sus mentiras no serán firmes. Por tanto, aullará Moab, todo él aullará; gemiréis en gran manera abatidos, por las tortas de uvas de Kir-hareset. [...] Quitado es el gozo y la alegría del campo fértil; en las viñas no cantarán, ni se regocijarán; no pisará vino en los lagares el pisador; he hecho cesar el grito del lagarero. (Isaías 16:6-7, 10)

Ahora, así dice Jehová, Creador tuyo, oh Jacob, y Formador tuyo, oh Israel: No temas, porque yo te redimí; te puse nombre, mío eres tú.

Cuando pases por las aguas, yo estaré contigo; y si por los ríos, no te anegarán. Cuando pases por el fuego, no te quemarás, ni la llama arderá en ti.

Porque yo Jehová, Dios tuyo, el Santo de Israel, soy tu Salvador; a Egipto he dado por tu rescate, a Etiopía y a Seba por ti.

Porque a mis ojos fuiste de gran estima, fuiste honorable, y yo te amé; daré, pues, hombres por ti, y naciones por tu vida.

No temas, porque yo estoy contigo; del oriente traeré tu generación, y del occidente te recogeré. (Isaías 43:1-5)

Ya no se acuerden de las cosas pasadas; no hagan memoria de las cosas antiguas. Fíjense en que yo hago algo nuevo, que pronto saldrá a la luz. ¿Acaso no lo saben? Volveré a abrir un camino en el desierto, y haré que corran ríos en el páramo. (Isaías 43:18-19)

... fortalecidos con todo poder, conforme al dominio de su gloria, para que puedan soportarlo todo con mucha paciencia. (Colosenses 1:11)

Cercano está Jehová a todos los que le invocan,
A todos los que le invocan de veras.

(Salmos 145:18)

Esto recapacitaré en mi corazón, por lo tanto esperaré.
Por la misericordia de Jehová no hemos sido consumidos, porque nunca decayeron sus misericordias.
Nuevas son cada mañana; grande es tu fidelidad.

(Lamentaciones 3:21-23)

Aún tengo muchas cosas que decirles, pero ahora no las pueden sobrellevar. Pero cuando venga el Espíritu de verdad, él los guiará a toda la verdad; porque no hablará por su propia cuenta, sino que hablará todo lo que oiga, y les hará saber las cosas que habrán de venir. Él me glorificará, porque tomará de lo mío y se lo hará saber. Todo lo que tiene el Padre es mío; por eso dije que tomará de lo mío, y se lo dará a conocer a ustedes. (Juan 16:12-15)

Por cuanto en mí ha puesto su amor, yo también lo libraré;
Le pondré en alto, por cuanto ha conocido mi nombre.
Me invocará, y yo le responderé;
Con él estaré yo en la angustia;
Lo libraré y le glorificaré.

(Salmos 91:14-15)

Y les daré corazón para que me conozcan que yo soy Jehová; y me serán por pueblo, y yo les seré a ellos por Dios;

porque se volverán a mí de todo su corazón. (Jeremías 24:7)

No tendrá temor de malas noticias;
Su corazón está firme, confiado en Jehová.

(Salmos 112:7)

Sean gratos los dichos de mi boca y la meditación de mi corazón delante de ti,
Oh Jehová, roca mía, y redentor mío.

(Salmos 19:14)

¿Hay alguien entre ustedes, que esté afligido? Que ore a Dios. ¿Alguno de ustedes está de buen humor? Que cante alabanzas. (Santiago 5:13)

Te alabaré de todo corazón,
y ante todos los dioses te cantaré salmos.
De rodillas, y en dirección a tu santo templo,
alabaré tu nombre por tu misericordia y fidelidad,
por la grandeza de tu nombre
y porque tu palabra está por encima de todo.
Cuando te llamé, me respondiste,
y mi alma desfallecida se llenó de vigor.
[…]
Cuando me encuentre angustiado,
tú me infundirás nueva vida;
Me defenderás de la ira de mis enemigos,
y con tu diestra me levantarás victorioso.

(Salmos 138:1-3, 7)

Tú guardarás en completa paz a aquel cuyo pensamiento en ti persevera; porque en ti ha confiado. (Isaías 26:3)

Sean prudentes y manténganse atentos, porque su enemigo es el diablo, y él anda como un león rugiente, buscando a quien devorar. (1 Pedro 5:8)

Hijo mío, está atento a mi sabiduría,
Y a mi inteligencia inclina tu oído,
Para que guardes consejo,
Y tus labios conserven la ciencia.

(Proverbios 5:1-2)

Tus ojos miren lo recto,
Y diríjanse tus párpados hacia lo que tienes delante.
Examina la senda de tus pies,
Y todos tus caminos sean rectos.
No te desvíes a la derecha ni a la izquierda;
Aparta tu pie del mal.

(Proverbios 4:25-27)

Así que, todos los que somos perfectos, sintamos esto mismo; y si ustedes sienten otra cosa, también esto se lo revelará Dios. Pero en aquello a que hemos llegado, sigamos una misma regla y sintamos una misma cosa.

Hermanos, sean ustedes imitadores de mí, y fíjense en los que así se conducen, según el ejemplo que ustedes tienen de nosotros. Porque por ahí andan muchos, de los cuales muchas veces les dije, y llorando vuelvo a decirlo, que son enemigos de la cruz de Cristo. Ellos sólo piensan en lo terrenal. Su dios es el vientre, su orgullo es su vergüenza, y su fin será la perdición. Pero nuestra ciudadanía está en los cielos, de donde también esperamos al Salvador, al Señor Jesucristo; él transformará el cuerpo de nuestra humillación, para que sea semejante al cuerpo de su gloria, por el poder con el que puede también sujetar a sí mismo todas las cosas. (Filipenses 3:15-21)

Porque todo lo que hay en el mundo, es decir, los deseos de la carne, los deseos de los ojos, y la vanagloria de la vida, no proviene del Padre, sino del mundo. (1 Juan 2:16)

Por lo tanto, hermanos santos, que tienen parte del llamamiento celestial, consideren a Cristo Jesús, el apóstol y sumo sacerdote de la fe que profesamos. (Hebreos 3:1)

Por lo tanto, también nosotros, que tenemos tan grande nube de testigos a nuestro alrededor, liberémonos de todo peso y del pecado que nos asedia, y corramos con paciencia la carrera que tenemos por delante. Fijemos la mirada en Jesús, el autor y consumador de la fe, quien por el gozo que le esperaba sufrió la cruz y menospreció el oprobio, y se sentó a la derecha del trono de Dios. (Hebreos 12:1-2)

Porque somos hechura suya, creados en Cristo Jesús para buenas obras, las cuales Dios preparó de antemano para que anduviésemos en ellas. (Efesios 2:10)

Por lo tanto, hermanos, manténganse firmes y retengan la doctrina que personalmente y por carta les hemos enseñado. Que nuestro Señor Jesucristo mismo, y nuestro Dios y Padre, que nos amó y nos dio consuelo eterno y buena esperanza por gracia, les infunda ánimo en el corazón y los confirme en toda buena palabra y obra. (2 Tesalonicenses 2:15-17)

Así que, hermanos míos, amados y deseados, gozo y corona mía, ¡manténganse firmes en el Señor, amados! [...] No se preocupen por nada. Que sus peticiones sean conocidas delante de Dios en toda oración y ruego, con acción de gracias, y que la paz de Dios, que sobrepasa todo entendimiento, guarde sus corazones y sus pensamientos en Cristo Jesús. Por lo demás, hermanos, piensen en todo lo que es verdadero, en todo lo honesto, en todo lo justo, en todo lo puro, en todo lo amable, en todo lo que es digno de alabanza; si hay en ello alguna virtud, si hay algo que admirar, piensen en ello. (Filipenses 4:1, 6-8)

> Dios no es hombre, para que mienta,
> Ni hijo de hombre para que se arrepienta.
> Él dijo, ¿y no hará?
> Habló, ¿y no lo ejecutará?
>
> (Números 23:19)

Capítulo 11: Todo al revés

Hermanos míos, considérense muy dichosos cuando estén pasando por diversas pruebas. Bien saben que, cuando su fe es puesta a prueba, produce paciencia. Pero procuren que la paciencia complete su obra, para que sean perfectos y cabales, sin que les falta nada. (Santiago 1:2-4)

Bienaventurado el varón que soporta la tentación; porque cuando haya resistido la prueba, recibirá la corona de vida, que Dios ha prometido a los que le aman. (Santiago 1:12)

Notas

1. C. S. Lewis, "¿La teología es poesía?", en *El peso de la gloria*, Harper-Collins, Nashville, TN, 2016, p. 140 del original en inglés.
2. C. H. Spurgeon, "Christ the Tree of Life", en *The Metropolitan Tabernacle Pulpit Sermons* (Passmore & Alabaster, Londres), 57 (1911): 242, 245.
3. David Bayles y Ted Orland, *Art & Fear*, Image Continuum, 1993, p. 4.
4. Conversación con Jessica Leavitt.
5. Ravi Zaccharias, Good Reads, acceso el 3 de junio de 2018, <https://www.goodreads.com/quotes/746709-sin-will-take-you-farther-than-you-want-to-go>
6. Carl Wieland, "Snakes Do Eat Dust", en *Creation* 10, no. 4 (septiembre de 1988): 38, <https://creation.com/snakes-do-eat-dust>

Acerca de la autora

LYSA TERKEURST es la presidenta de Proverbs 31 Ministries y autora número uno de libros superventas del *New York Times* por *Sin invitación*, *El mejor sí* y otra veintena de libros. Pero, para quienes la conocen mejor, es una chica simple con una Biblia gastada, que proclama la esperanza en medio de los buenos tiempos y de las realidades más dolorosas.

Vive con su familia en Charlotte, Carolina del Norte.

Conéctate con ella diariamente, mira fotografías de su familia y sigue su agenda de invitaciones a predicar en:

Blog: www.LysaTerKeurst.com
Facebook: www.Facebook.com/OfficialLysa
Instagram: @LysaTerKeurst
Twitter: @LysaTerKeurst
www.Proverbs31.org